INHALT

VORWORT

Nachdem Prometheus das Feuer vom Olymp gestohlen und es den Menschen übergeben hatte, nahmen Braten, Kochen und Backen ihren Anfang ...

Zu Beginn wurden diese Tätigkeiten nur im Freien verrichtet, im besten Fall direkt vor der Höhle. Elektrische und gasbetriebene Kochvorrichtungen kamen erst in der zweiten Hälfte des 20. Jahrhunderts zum Einsatz, ganz zu schweigen von noch moderneren Errungenschaften. Trotz alledem blieb das Kochen und Braten unter freiem Himmel den Menschen als ein im Unterbewusstsein verborgenes Ur-Bedürfnis erhalten. In den letzten Jahrzehnten war ein regelrechter Boom beim Outdoorcooking zu verzeichnen. Der Zauber eines Lagerfeuers oder einer Grillstelle und der Geschmack der darauf zubereiteten Speisen bleiben uns in steter Erinnerung. Und das Erlebnis erscheint umso intensiver, je weiter sich der moderne Mensch bereits von der Natur entfernt hat ...

Csizmadia András
Niksz Gyula

Grillen!

Angefeuert! Das Buch für echte Männer

EDITION XXL

GESCHICHTE

Über die Anfänge des Kochens und Bratens sind nur vage Vermutungen vorhanden. Eins jedoch scheint nach der Eroberung des Feuers sicher zu sein: Die ursprünglichen „Zubereitungsarten" unserer Vorfahren beschränkten sich auf die Nutzung von Spießen und heißer Steine bzw. Asche. Ein etwas größerer, flacher Stein wurde im Feuer erhitzt, darauf goss man flüssigen Teig. So entstanden aus verschiedenen Getreidearten Fladen und Fladenbrote.

Nach der Entdeckung von Metallen wurden dann Eisenplatten und später in der Neuzeit Pfannen verwendet. Zu Beginn bestanden die Spieße aus geschnitztem Holz, was ja auch heute noch oft der Fall ist! Wahrscheinlich waren es Töpfer, die damals bereits Keramikgefäße herstellten, die das Braten und Backen in Lehm erfanden ... Welch großartige Methode, das Geflügel oder den Fisch – samt seinen Federn bzw. Schuppen – ca. 2 cm dick mit weichem Lehm zu bestreichen, in die Glut zu legen und einfach zu warten, bis die Speise gar ist! Ist der Lehm fest geworden, beginnt er aufzubrechen: Das Essen ist fertig. Der Lehm wird entfernt und ein herrlich saftiger Braten vom Huhn, Fasan oder Rebhuhn kommt zum Vorschein – ohne Federn, denn diese bleiben im festgebackenen Lehm haften. Auf die gleiche Art wird auch ein Fisch „entschuppt".

Als man die Metallverarbeitung erlernte, entstanden die Bratroste für die Küchen – von dort aus gelangten diese nach draußen und sind seitdem, neben den Spießen, die hauptsächlichen Utensilien beim Grillen. Später kamen flache oder gewölbte Eisenplatten hinzu.

Im Zuge des Fortschritts der Technik gelangten elektrisch betriebene Eisenplatten, z. B. der Teppanyaki-Grill, vor allem in professionelle Küchen, um in erster Linie den Bratrost zu ersetzen.

Heute haben die Freunde der Freiluftküche die Qual der Wahl: Grillgeräte gibt es in unzähligen Variationen, vom einfachen Rundgrill über den Schwenkgrill bis hin zum aufwändigen Rauchgrill, dem Smoker. Bei manchen Geräten sind Grillrost und Eisenplatte kombiniert.

Letztlich ist es Geschmacksache, ob man sich für einen modernen Grill entscheidet oder vielleicht sogar eine alte Pflugscheibe zur pfiffigen Bratgelegenheit umfunktioniert!

ZUBEHÖR

Zum Grillen und Kochen im Freien sind folgende Dinge unbedingt notwendig:

- **Langstielige Grillgabel oder -zange** - wenn möglich, mit Holzgriff. Es wird besonders empfohlen, eine Grillzange zu verwenden, da das meiste Grillgut damit gewendet werden kann, ohne Löcher hineinzustechen. Man sollte nicht vergessen, dass aus jedem Einstich der köstliche Fleischsaft ausfließt!
- **Hitzebeständige, lange Handschuhe** können sich bei starker Glut oder bei Wärmeempfindlichkeit der Hände als nützlich erweisen.
- **Pinsel,** um das Grillgut vorher und während des Grillens mit Marinade, Öl oder Gewürzöl einzustreichen. Damit verleiht man dem Fleisch einen köstlichen Geschmack und schützt es vor dem Austrocknen.
- **Langstielige Kochlöffel (aus Holz), Löffel und Schöpfkelle** werden bei Kesselgerichten zum Umrühren, Abschmecken und Servieren benötigt.
- **Alufolie und Aluminiumschalen** erweisen sich oft als nützlich. Zum Schutz von empfindlichem Grillgut wie Fischfilet oder Gemüse kommen diese Hilfsmittel zum Einsatz - als Unterlage, aber auch als geschlossenes Behältnis. Im Handel erhältliche Aluschalen (in verschiedenen Größen) fangen den Saft auf. Da das Fett nicht in die Glut tropfen kann, wird auch die Entstehung von Flammen verhindert.
- **Bratenthermometer** sind eine nützliche Hilfe, um vor allem dickeres Grillgut optimal grillen zu können. Das Thermometer wird ins dickste Stück des Fleisches gestochen, sodass man die Kerntemperatur feststellen kann. Sie zeigt uns, wie weit der Grillvorgang fortgeschritten ist, bzw. ob das Fleisch durch ist.
- **Handschaufel und Feuerhaken** zur gleichmäßigen Verteilung der Glut.
- **Drahtbürste** - unentbehrlich zur Reinigung des Rostes. Heutzutage steht eine große Auswahl an Bürsten zur Verfügung (unterschiedliche Qualität, Profile), mit denen der Rost perfekt gesäubert werden kann.
- **Blasebalg,** um das Brenngut am Glühen zu erhalten (was jedoch auch durch eine gesunde Lunge geschehen kann).
- **Taschenlampe** - kommt vor allem nach Sonnenuntergang zum Einsatz, um das Grillgut im Auge zu behalten.

SICHERHEITSVORKEHRUNGEN

Kochen und Braten am offenen Feuer bergen auch einige Gefahren in sich. Deshalb ist es ratsam, einige „goldene" Regeln einzuhalten:

- Verwenden Sie nie Benzin (oder Ähnliches) zum Anzünden!
- Der Grill soll stabil aufgebaut sein und leicht brenn- oder entzündbare Materialien dürfen sich nicht in der Nähe befinden!
- Man achte darauf, dass Kleinkinder, Haustiere und Gäste, die eventuell etwas zu viel getrunken haben, in sicherer Distanz vom Feuer bleiben!
- Feuer und Grill müssen unter ständiger Aufsicht stehen. Sind Feuer oder Glut erst einmal entfacht, dürfen sie nicht mehr transportiert oder umgelagert werden!
- Feuerstellen im Freien sollen immer mit Steinen umgrenzt werden, damit sich das Feuer nicht ausbreiten kann.
- Bevor Sie nach Hause gehen, muss das Restfeuer gelöscht werden, wenn möglich, nicht mit Wasser, sondern mit Sand. Hat der Grill einen Deckel, kann damit bzw. durch Verschließen aller Öffnungen die Luftzufuhr gestoppt werden, damit das Feuer erlischt.
- Der „Grillmeister" sollte lange Hosen und ein langärmliges Oberteil tragen, um gegen eventuelle Funken geschützt zu sein.
- Die Asche darf erst im völlig ausgekühlten Zustand entsorgt werden.

FEUER / GLUT / BRATMETHODEN

Lagerfeuer dürfen nur an dafür vorgesehenen Stellen entfacht werden. Zuerst sollte man die Stelle mit größeren Steinen umgrenzen. Mit trockenen, dünnen Ästen oder falls vorhanden mit Fichtenholzspänen wird begonnen. In die Mitte der Feuerstelle wird leicht zusammengeknülltes Papier gelegt, dann wird das Kleinholz aufgeschichtet. Darüber folgen 1 bis 2 Reihen etwas stärkere Äste, danach kommen armdicke Äste und ganz oben die größten Holzstücke. Es soll ganz locker gestapelt werden, damit Luft ans Feuer kommt. Trockene, dicke Hartholzstücke sorgen für ein lang andauerndes Feuer und eine gute Glut.

Loderndes Feuer ist nur bei der Verwendung von Kesseln und Metallscheiben notwendig. Die Höhe und Stärke der Flammen regelt man, indem man die brennenden Holzstücke aufhäuft oder aber verteilt. Die Intensität des Kochens im Kessel kann durch den Abstand zum Feuer geregelt werden (Kette kürzer oder tiefer ins Feuer lassen).

Der Grillrost darf nur mit heißer Glut betrieben werden, nie mit offenen Flammen! Diese Glut kann mit Holzkohle, -brikett oder mit Hartholz erreicht werden. Die besten Hartholzarten sind Eiche, Buche und einzelne Obstbaumarten.

Ca. 1 Stunde vor Grillbeginn sollte das Feuer mit gleich großen Scheiten angezündet werden, um geeignete Glut zu erhalten. Bei der Verwendung von Holzkohle oder -briketts verkürzt sich diese Zeit auf 20 - 30 Minuten.

Besonders empfehlenswert ist die Verwendung eines Anzündkamins, mit dessen Hilfe immer frische Glut zum Nachschütten zur Verfügung steht. Beim Grillen auf dem Rost werden zwei Methoden angewendet:

Beim **Grillen mit direkter Hitze** wird das Grillgut (Fleischstücke, -scheiben, Wurst, Spieße u. Ä.) direkt über der Glut auf dem Rost bei hoher Hitze und in kurzer Zeit gegrillt. Auf diese Weise verschließen sich die Poren des Fleisches rasch, das Fleisch bräunt von außen und bleibt innen saftig. Allerdings sollte man aufpassen, dass das Fleisch nicht austrocknet oder verbrennt.

Das Grillen mit **indirekter Hitze** wird bei größeren Fleischstücken (z. B. ganzes Hähnchen, Spanferkel, Kammstück, Lammkeule) angewendet. Die Glut wird an beiden Seiten der Feuerstelle angeordnet, in die Mitte wird eine Tropfschale gestellt. Über diese Tropfschale wird das Grillgut gelegt und der Grill mit dem Deckel verschlossen. Im geschlossenen Grillraum gelangt die Hitze nicht direkt ans Grillgut, sondern indirekt - durch Umluft. Der Grill wird praktisch zur geschlossenen Bratröhre, wo das Fleisch bei niedrigeren Temperaturen - ca. 120 - 200 Grad - gebraten wird, was natürlich mehr Zeit in Anspruch nimmt, bis die gewünschte Kerntemperatur erreicht ist.

GRILLGERÄTE

Holzkohlengrill

Diese Variante erfreut sich einer Vielzahl von Modellen: vom Tischgrill über den auf Beinen stehenden Gartengrill bis hin zum Grillwagen. Hochwertigere Modelle verfügen über eine Abdeckung, die zum indirekten Grillen gut verwendbar ist. Die einfachste Form ist natürlich der aus Edelstahl gefertigte Grillrost, im allgemeinen mit Griff. Vier Steine dienen als Unterlage, er ist leicht zu transportieren, nimmt kaum Platz im Auto weg und ist deshalb für Kurzausflüge und zum Camping hervorragend geeignet. Die heutigen Grills sind leider oft zu „weitmaschig", sodass sich das aus dem Grillgut tropfende Fett in vielen Fällen entzündet und Flammen schlägt, was bei Unachtsamkeit schnell dazu führt, dass das Bratgut zu Kohle verbrennt. Dieser Fehler wird oft begangen.

Um dies zu vermeiden, empfiehlt sich ein spezieller Grillrost mit V-Profil (die in diesem Buch beschriebenen Speisen wurden zum Großteil auf solchen Grillrosten zubereitet). Im Handel sind solche Roste selten, man muss diesen Rost extra anfertigen lassen. Steht Ihnen ein solcher Grillrost nicht zur Verfügung, können Sie sich mit Alufolie oder Alu-Tropfschalen behelfen.

Gasgrill

Er ist in jeder Größe erhältlich und verfügt über folgende Vorteile: rasche Erhitzung, sauberes Arbeiten, leicht regulierbare Temperatur, unbedenkliche Verwendung auch auf dem Balkon, geringe Rauchentwicklung. Allerdings sollte man nicht erwarten, dass das Grillgut genauso aromatisch schmeckt wie vom Holz- oder Holzkohlegrill.

Elektrogrill

Sein Vorteil besteht darin, dass man rauchfrei mit ihm arbeiten kann – kleinere Modelle können sogar in der Wohnung betrieben werden. Allerdings ist der Geschmack, der auf Elektrogrills erzielt wird, weit entfernt von den Speisen, die auf einem Holzkohlegrill zubereitet wurden.

Feste Feuerstellen

Feuerstellen im Garten. Oft werden im Garten von Einfamilienhäusern oder auf Wochenendgrundstücken Feuerstellen aus festem Baumaterial angelegt. Die einfachste Variante baut man kreisförmig aus Ziegelsteinen bis in Kniehöhe. Häufig werden Gabelhalter zum Auflegen der Spieße und ein Kesselgestell gleich mit eingebaut. Anspruchsvollere Varianten verfügen über eine untere, seitliche Lüftungsöffnung und sind so gebaut, dass man oben einen Grillrost auflegen kann.

Kamine mit Schornstein. In einigen Gärten werden in Hausnähe aus Natur- oder Ziegelsteinen Grill-Kamine gebaut, die direkt an die Terrasse anschließen, einen Schornstein haben und oft gleich mit einem Backofen kombiniert werden. Auch Tische und ein Unterbau zur Holzlagerung gehören zur Ausstattung. Diese Feuerstellen kann man aus qualitativ hochwertigen Fertigteilen aufbauen.

Backöfen und Kamine sind eigentlich die Rückkehr zu alten Traditionen. Außer den klassischen Speisen wie Brot und Fladen können im Backofen noch viele andere Gerichte zubereitet werden: im Ganzen gebratenes Spanferkel, Lamm, Hühnchen, Pute, Gans usw. gelingen wunderbar. Der klassische Kamin ist offen und meistens im Inneren des Hauses zu finden. Da der Kamin über einen Abzug verfügt, kann man über der Glut auch einen (mobilen) Grillrost benutzen, der dann auch bei schlechtem Wetter einsetzbar ist.

VORBEREITUNGEN

Schweinefleisch

Es ist allgemein beliebt, weil es relativ günstig und überall erhältlich ist. Grundsätzlich ist fast alles vom Schwein zum Grillen verwendbar, am besten eignen sich jedoch Kammfleisch, Rippchen, Schweinebauch oder Kaiserfleisch. Auch Hackfleisch sollte möglichst aus diesen Fleischsorten bestehen, da sie mit Fett durchzogen sind. Ein Großteil des Fettes tropft beim Braten aus, aber das Grillgut bleibt trotzdem saftig. Fettfreie Fleischstücke dagegen werden schnell trocken und zäh. Trockenere Fleischsorten sollten mit Speck umwickelt oder mariniert bzw. während des Bratens bepinselt werden. Am köstlichsten schmecken Schweinelende

und Kotelett. Schinken- oder Schulterstücke eignen sich eher zum Kochen im Kessel. Eisbein, mit indirekter Hitze gebraten, ist eine Delikatesse. Schweinefleisch muss immer durchgebraten werden. Die Kerntemperatur sollte mindestens 70 °C betragen.

Rindfleisch

Zum Grillen auf dem Rost ist folgendes Fleisch am besten geeignet: Filet, Hochrippe, Roastbeef. Heutzutage werden vor allem die englischen Bezeichnungen verwendet: Rumpsteak, Rib-Eye-Steak, T-Bone-Steak. Diese Steaks dürfen nur aus mindestens 3 - 4 Wochen lang gereiftem Rindfleisch gebraten werden. Beim gut sortierten Metzger wird gereiftes Rindfleisch angeboten. Man sollte darauf achten, dass man gut marmoriertes, mit vielen Fettadern durchzogenes Fleisch einkauft, denn das belegt eine gute Mästung. Dieses Fleisch ist der Garant dafür, dass daraus ein perfektes, saftiges, zartes Steak gebraten werden kann. Der Grillvorgang muss sorgfältig beaufsichtigt werden, denn das Steak darf nicht durchgebraten sein, denn dadurch verliert es an Qualität!

Wer noch keine Übung hat, sollte die Kerntemperatur messen: 54 °C = fast roh (*rare*), 55 - 60 °C = halb durchgebraten (*medium*), über 62 °C = ganz durchgebraten (*well done*).

Geflügel

Vom Hähnchen ist die Brust am beliebtesten. Leider wird diese schnell trocken, deshalb sollte man sie marinieren, häufig bestreichen oder mit etwas Cremigem füllen und gewickelt oder in Folie braten, damit das Fleisch saftig bleibt. Dies bezieht sich auch auf Putenbrust. Optimal für den Grillrost sind Hähnchenflügel! Sie sind schnell zu grillen und außerordentlich saftig - ein vorzügliches Fleisch! Keulen sollte man langsam grillen, damit das Fleisch bis zum Knochen durchbrät. Wird Geflügel im Ganzen gegrillt, soll immer indirekte Hitze verwendet werden. Bratdauer: ca. 1 - 1,5 Stunden. Geflügel muss immer durchgebraten werden, was eine Kerntemperatur von 80 - 85 °C anzeigt. Das Bruststück von Mastenten und -gänsen braucht nicht durchgebraten zu werden.

Lamm

Lamm ist ein zartes Fleisch mit viel Eigengeschmack, den man nicht überwürzen darf. Was an Gewürzen nie fehlen sollte: Rosmarin und Knoblauch. Vom Lamm kann man so gut wie alles auf dem Rost grillen. Keule (mit oder ohne Knochen), Schulter und Lammrücken (am Stück) werden mit indirekter Hitze, Rippenscheiben direkt über der Glut gegrillt. Optimal ist eine Kerntemperatur von 55 - 58 °C, dann ist es zartrosa.

Hackfleisch

Leider verstehen die meisten Menschen darunter Fleisch aus dem Fleischwolf, aber das stimmt so nicht ganz. Früher wurde nämlich das Fleisch mit einem großen Messer oder mit dem Beil fein zerhackt, was heute in vereinfachter Form vom Fleischwolf übernommen wird. Da aber der Fleischwolf das Fleisch auch gleichzeitig „auspresst", machen sich Feinschmecker auch heute noch die Mühe, das Fleisch zu hacken. Hackfleisch eignet sich in jeder Form (Kugel, Stange, oval, rund und flach usw.) zum Grillen auf dem Rost. Es empfiehlt sich, nicht zu trockenes Fleisch zu verwenden, denn während des Grillens verliert das Grillgut viel Fett, welches aber dafür sorgt, dass das Fleisch schön saftig bleibt. Es darf mutig gewürzt werden. Hackfleisch (jeder Art) muss immer durchgebraten werden, bis zu einer Kerntemperatur von mindestens 70 °C.

Fisch und Meeresfrüchte

Da diese Lebensmittel sehr empfindlich sind, ist es wichtig, nur mit ganz frischen Zutaten zu arbeiten. Fische, vor allem Filets, kleben leicht am Gitter fest, daher empfiehlt sich die Verwendung einer eingeölten Folie oder einer eingeölten Fischzange.

Fische haben im Allgemeinen wenig Fett und können daher leicht austrocknen. Daher ist es ratsam, fettreichere Fischarten zu verwenden: z.B. Lachs, Wels, Thunfisch, Schwertfisch, Makrele. Daraus können in kurzer Zeit leckere Steaks zubereitet werden. Fische haben eine kurze Garzeit, die aber natürlich von der Dicke der Steaks abhängt. Beim Direkt-Grillen über mittlerer Glut reicht eine Kerntemperatur von 60 °C bereits aus. Werden die Fische im Ganzen gegrillt, können kleinere Exemplare (500 - 1000 g) in 15 - 20 Minuten direkt über der Glut zubereitet werden, während größere Fische (über 1 kg) bei indirekter Hitze in ca. 30 bis 45 Minuten fertig sind. Krebse, Muscheln und Tintenfische eignen sich ebenfalls für den Grill und haben nur eine kurze Grillzeit.

Obst und Gemüse

Obst und Gemüse bringen Farben und Abwechslung in den alltäglichen Speiseplan. Man verzehrt es als selbstständiges Gericht, als Vorspeise oder Beilage. Gemüse als Hauptgericht wird oft gefüllt, dazu eignen sich vor allem Tomaten, Paprika, Pilze, Zucchini, Kürbisse, kleinere Auberginen. Kleineres Gemüse kann im Ganzen gebraten werden, alles andere wird in Scheiben oder Ringe geschnitten, wobei man auf die Größe achten muss, denn das Grillgut darf nicht durch die Gitterstäbe fallen. Für kleinere Stücke können auch Aluschalen verwendet werden. Um das Gemüse vor dem Austrocknen zu schützen, wird es mit Gewürzöl bestrichen. Beim Obst verwendet man Sorten mit festerem Fruchtfleisch. Obst kann mit verschiedenen Fleischsorten kombiniert werden, auch am Spieß. Verwenden Sie nur frisches Obst. Zum Grillen auf dem Rost sind vor allem folgende Obstsorten geeignet: Pfirsiche, Nektarinen, Äpfel, Birnen, Ananas, Mangos, Bananen, Honigmelonen und große Weintrauben.

Saftreiche, kleine Beeren sind ungeeignet und sollten nicht verwendet werden.

Marinieren

Durch das Marinieren des Fleischs kann dessen Qualität verbessert werden. Es trocknet nicht aus, wird zarter und würziger. Sehr geeignet hierfür sind Gewürzöle. Die Fleischstücke werden mit Gewürzöl eingestrichen und in einem verschlossenen Behälter für mehrere Stunden in den Kühlschrank gestellt. Von Zeit zu Zeit sollte man das Fleisch wenden. Am besten legt man das Fleisch am Abend vor dem Grillen ein. Gewürzöle sind im Handel erhältlich, können jedoch auch preiswert und einfach zu Hause hergestellt werden. Wer regelmäßig grillt, kann zu Beginn der Saison das Gewürzöl in größerer Menge zubereiten.

Gewürzöle

Unserer Fantasie sind auf diesem Gebiet keine Grenzen gesetzt! Es gibt nur wenige Vorschriften, die zu beachten sind: Es sollte immer entsprechend hitzebeständiges Öl verwendet werden (z. B. Oliven-, Sonnenblumen- oder Erdnussöl). Nicht

salzen! Kommt das Fleisch zu früh mit Salz in Verbindung, wird es hart. In den meisten Fällen kann man mit dem Salzen warten bis kurz vor dem Grillvorgang. Gewürze können im Ganzen verwendet werden, allerdings erreicht man mit zerstampften Gewürzen ein besseres Geschmacksergebnis.

Wichtig ist noch zu erwähnen, dass das Fleisch vor dem Grillen mit Küchenpapier abgetupft werden sollte. Dadurch wird verhindert, dass Öl in die Glut tropft und aufsteigende Flammen das Fleisch verbrennen.

Hier einige Anregungen:

Scharfes Gewürzöl: Einen halben Liter Öl mit je 2 EL Estragon und Rosmarin, 3 - 4 Zehen zerkleinertem Knoblauch und 1 - 2 getrockneten Chilis verrühren. Wer es asiatisch mag, kann 1 EL Curry dazugeben.

Gewürzöl mit frischen Kräutern: Einen halben Liter Öl mit je 2 EL fein geschnittener Petersilie, Estragon, Basilikum, Schnittlauch, Rosmarin, Dill, Kerbel und dem Saft einer Zitrone verrühren. Passt zu Geflügel und Fisch.

Rotwein-Marinade: 250 ml Rotwein werden mit 100 ml Rotweinessig und 1 Löffel Zucker aufgekocht, danach abgekühlt. Hinzu kommen je 1 EL Basilikum und Oregano (getrocknet). Diese Marinade eignet sich vor allem zum Marinieren von Rindfleisch.

Weißwein-Marinade: 250 ml Weißwein mit 3 EL Estragonessig, 3 EL Olivenöl, 1 EL Kapern, 1 Messerspitze Thymian, der abgeriebenen Schale einer unbehandelten Zitrone und 1 TL gemahlenem weißen Pfeffer verrühren.

Süß-scharfe Marinade: 250 ml süße Chilisoße mit dem Saft von 2 Limetten, 2 - 3 Zehen zerkleinertem Knoblauch, 4 zerkleinerten Chilis, 2 - 3 EL Honig, Pfeffer und Salz verrühren. Zu empfehlen für asiatische Geflügelgerichte oder zu Rippchen.

Indische Marinade: 250 ml Joghurt mit 5 EL Öl, je 1 TL Curry, Kreuzkümmel, Kurkuma, Ingwerpulver und Pfeffer verrühren. Passt zu Geflügel und Lamm.

SPIESSE MIT FLEISCH

AROMATISCHE HONIG-LENDENMEDAILLONS

Zutaten für 6 Spieße

- 2 mittelgroße Schweine- oder Kalbslenden
- 12 dünne Scheiben Bauchspeck
- je 3 EL Honig, Balsamico und Brandy
- 1 EL grob zerkleinerter grüner Pfeffer, Salz

Zubereitung

Das Filet von Sehnen und Häuten befreien und in ebenso breite Scheiben (ca. 3 cm) schneiden wie den Speck. Aus dem Honig, dem Balsamico, dem Brandy und dem grünen Pfeffer eine Marinade bereiten und die Lendenscheiben darin einlegen. In einem verschlossenen Behälter das Fleisch für ein paar Stunden in den Kühlschrank stellen. Die eingelegten Lendenscheiben mit dem Speck umwickeln, paarweise auf den Spieß stecken und salzen. Auf dem heißen Rost die Spieße auf beiden Seiten je 3 Minuten braten, so bleibt das Fleisch innen rosa. Soll das Fleisch hingegen durchgebraten sein, muss die Garzeit ein wenig verlängert werden. Beim Umdrehen und zum Servieren die Spieße mit der restlichen Marinade bestreichen.

Tipp
Dazu passt ein vollmundiger, trockener Weißwein!

RÄUBERSPIESSE

Zutaten

für 6 Spieße

600–700 g Schweinekamm oder Lende
250 g Speck
2 Paar Debrecziner
2 grüne und 2 rote Paprika
3 kleine rote Zwiebeln
Salz, Pfeffer, Knoblauch

Tipp

- Der Spieß sollte nicht zu dicht bestückt werden, weil dann das Garen länger dauert.
- Bestreichen Sie die Spieße auch während des Garens mit Öl, damit die Zutaten nicht austrocknen.

Zubereitung

Das Fleisch in 20 - 30 g schwere, gleich dicke Stücke schneiden, ein wenig klopfen und mit Salz, Pfeffer und Knoblauch (oder fertigem Grillgewürz) würzen. Den Speck, die Debrecziner, die Paprikaschoten und die Zwiebeln in gleich große Stücke (in Größe der Fleischmedaillons) schneiden. Die Zutaten abwechselnd auf die Spieße stecken, wobei der Speck immer direkt neben das Fleisch gespießt werden sollte, damit es saftig bleibt. Es ist wichtig, dass alle Zutaten gleich groß geschnitten werden, damit nichts überhängt, was dann verbrennen könnte. Die Spieße mit Öl einpinseln und bei mittlerer Glut auf den Rost legen. Von Zeit zu Zeit wenden. Die Spieße sind in ca. 10 - 15 Minuten fertig.

LENDENMEDAILLONS

mit exotischen Früchten

Zutaten

für 6 Spieße

- 2 mittelgroße Schweinelenden (ca. 700 g)
- 1 EL frisch geriebener Ingwer (oder 1 EL Ingwerpulver)
- 5 El Barbecue-Soße
- 1 kleine frische Ananas
- 1 feste Mango
- 1 Traube blaue Weinbeeren (mit großen Beeren)
- 5 EL Sojasoße
- 3 EL trockener Wein

Zubereitung

Das Fleisch in ca. 3 × 3 cm große Stücke schneiden. Den frischen Ingwer mit der Barbecue-Soße vermischen. Die Fleischstücke in dieser Marinade einlegen und für einige Stunden in den Kühlschrank stellen. Die Ananas schälen, in 1 cm dicke Scheiben schneiden und diese in Stücke, die ebenso groß sein sollen wie das Fleisch, zerkleinern. Mit der Mango ebenso verfahren und die Weinbeeren abpflücken. Die Fruchtstücke in einer Marinade aus Sojasoße und Wein einlegen. Das Fleisch und die Früchte abwechselnd auf den Spieß stecken. Die Spieße über der heißen Glut ab und zu wenden und ca. 6 – 10 Minuten grillen.

Tipp

Ein guter trockener oder halbtrockener Muskateller passt sehr gut zu diesem vorzüglichen Gericht.

HÄHNCHENBRUSTSPIESSE

in Joghurt-Marinade

Zutaten

für 6 Spieße

- 3 Hähnchenbrustfilets
- 1 großer Becher Joghurt
- 1 EL Currypulver
- 1 EL rotes Paprikapulver
- 1 TL Chilipulver
- 5 EL Öl
- 3 grüne Paprika
- 12 Cocktailtomaten
- Salz

Zubereitung

Das Filet in größere Würfel schneiden. Den Joghurt mit den Gewürzen und dem Öl verrühren. In dieser Marinade das Fleisch für mehrere Stunden (am besten über Nacht) einlegen. Die Paprikaschoten entkernen und in zum Fleisch passende Quadrate schneiden. Das Fleisch, die Paprika und die Tomaten abwechselnd aufspießen und auf dem heißen Rost 10 - 12 Minuten grillen. Während des Garens kann der Spieß mit der restlichen Marinade eingepinselt werden. Beim Chili empfiehlt sich Vorsicht, das Gericht soll letztendlich nur eine leichte Schärfe bekommen. Curry bringt zusätzliches Aroma in die Speise. Ein köstliches asiatisches Gericht!

SATÉ-SPIESSE

Der malaysische Hähnchenspieß ist eine Volksspeise, die in Südostasien sozusagen an jeder Straßenecke und in unzähligen Variationen zubereitet wird. Inzwischen hat der Saté-Spieß die ganze Welt erobert.

Zutaten
für 6 Personen

3 gepresste Knoblauchzehen
1–2 frische Chilischoten, entkernt und klein gehackt
3 EL Sojasoße
1 EL gemahlener Koriander
1 TL Kurkuma
1 TL gemahlener Pfeffer
1 Stängel Zitronengras, klein gehackt
Saft einer halben Limette
150 ml Kokosmilch (ersatzweise Sahne)
500 g Hähnchenfilet (Brust oder Keule)

Zubereitung

Die Spieße ca. 30 Minuten in Wasser einweichen. Für die Marinade alle Zutaten, vom Knoblauch bis zum Limettensaft, vermischen und am Schluss mit der Kokosmilch bzw. der Sahne aufgießen. Das Fleisch in lange Streifen schneiden und dann – wie auf dem Foto dargestellt – auf den Spieß auffädeln. Nun wird das Fleisch mit der Marinade bestrichen und für 1 - 2 Stunden in den Kühlschrank gestellt. Dann auf dem heißen Rost auf beiden Seiten je 1 - 2 Minuten braten. Eine zauberhafte exotische Köstlichkeit!

PUTENSPIESSE

mit Salbei im Speckmantel

Zutaten

für 8 Spieße

- 600 g Putenbrust
- Kräutersalz
- 24 Salbeiblätter
- 12 dünne Scheiben Bauchspeck
- 12 Cocktailtomaten
- 60 ml Olivenöl

Zubereitung

Das Fleisch in 24 Würfel schneiden und würzen. Auf jedes Fleischstück ein Salbeiblatt legen und das Ganze mit einer halben Scheibe Speck umwickeln. Das so zubereitete Fleisch abwechselnd mit Cocktailtomaten aufspießen, mit Öl bestreichen und auf dem Rost grillen.

YAKITORI

– japanischer Geflügelspieß

Zutaten

für 6 Spieße

200 ml Sojasoße
100 g brauner Zucker
150 ml lieblicher Wein
2 zerdrückte Knoblauchzehen
weißer Teil einer Frühlingszwiebel, fein gehackt
1 Stück (ca. 3 cm) geschälter und gehackter Ingwer
abgeriebene Schale einer unbehandelten Zitrone
700 g Hähnchenfleisch (Brust oder Keule) – auch Hähnchenleber kann mitverwendet werden
2–3 Bund Frühlingszwiebeln
8–10 Shiitakepilze

Zubereitung

Für die Marinade die Sojasoße, den Zucker, den Wein, den Knoblauch, die gehackte Frühlingszwiebel, den Ingwer und den Zitronenabrieb in einem kleinen Topf aufkochen. Auf kleiner Flamme 10 - 15 Minuten köcheln, anschließend abkühlen lassen. In der Zwischenzeit das Fleisch in gleichmäßige, kleine Stücke schneiden. Den weißen und hellen Teil der Frühlingszwiebeln in ebenso lange Stücke schneiden. Das Grün der Zwiebeln kann klein gehackt zum Servieren verwendet werden. Die Pilze halbieren und alles der Reihe nach auf die Spieße stecken.

Sind die Zutaten in längere Stücke geschnitten, empfiehlt es sich, einen Doppelspieß zu verwenden, bei kleineren Stücken reicht ein einfacher. Hähnchenleber kann man auf einen eigenen Spieß stecken oder auch mit Fleisch kombinieren. Die fertigen Spieße satt mit der ausgekühlten Marinade bestreichen und dann auf beiden Seiten 2 - 3 Minuten auf dem heißen Rost braten. Während des Garens das Bratgut mehrmals mit Marinade bestreichen, damit es schön glänzend wird. Den Rest der Marinade zum fertigen Gericht servieren.

Tipp

Hierzu passt ein Weißwein, der eine leichte Restsüße hat – z. B. ein halbtrockener Muskateller. Oder als Alternative gerne auch mal ein spritziges Radler!

PUTENROLLEN

mit würziger Frischkäse-Füllung

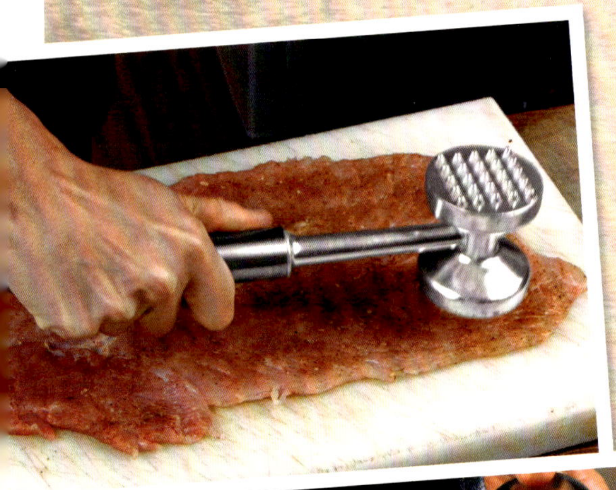

Zutaten

für 6 Personen

- 4 dünne Scheiben Putenbrust (ca. 20 cm breit)
- Geflügel-Gewürzmischung
- 15 schwarze, entkernte Oliven
- 4 getrocknete Tomaten
- 150 g Frischkäse
- 1 EL Semmelbrösel
- 1 EL Kräuter der Provence

Zubereitung

Die Putenscheiben klopfen, damit alle gleich dünn werden, und mit der Geflügel-Gewürzmischung bestreuen. Die Oliven und die Tomaten in kleine Stückchen schneiden und unter den Frischkäse mischen, zuletzt die Semmelbrösel hinzugeben. Mit dieser Käsemasse die Fleischscheiben bestreichen, mit den Kräutern der Provence würzen und dann das Fleisch straff zusammenrollen. Diese Rolle in ca. 3 cm breite Stücke schneiden und jeweils 3 oder 4 Stücke (je nach Größe) auf einen Spieß stecken. Bei mittlerer Glut 10 – 15 Minuten lang auf dem Rost braten.

Es empfiehlt sich, anfangs Alufolie unter die Spieße zu legen, falls die Füllung ausläuft. Ist die Frischkäse-Füllung erst einmal fest geworden, kann das nicht mehr passieren.

Tipp

Als Beilage empfehlen wir einen mediterranen Salat aus Paprika, Tomaten und Zwiebeln, mit Kräutern der Provence gewürzt und mit Olivenöl verfeinert.

LAMMHÄPPCHEN

mit Kräuteröl

Zutaten
für 6 Personen

800 g Lammschulter
1 EL Curry
3 unbehandelte Zitronen
je 1 EL frisches Basilikum, Estragon, Minze und Dill
5 EL Olivenöl
Salz, Pfeffer

Das Lammfleisch am Vorabend (oder einige Stunden vor Bratbeginn) in größere Würfel schneiden und mit Salz, frisch gemahlenem Pfeffer und dem Curry würzen. Die Zitronen in dünne Scheiben schneiden, halb zusammenklappen und abwechselnd mit den Fleischstücken auf Spieße stecken. Die Kräuter fein hacken, mit dem Olivenöl vermengen und mit Salz und Pfeffer würzen. Die Spieße mit dieser Marinade bestreichen und über der heißen Glut ca. 15 Minuten braten. Währenddessen ab und zu mit dem Kräuteröl bestreichen.

Tipp
Ein guter Pinot Noir und ein frischer Salat sind die perfekten Begleiter dieses herrlichen Gerichts.

KALBSNUSS AM SPIESS

mit Zitrusfrüchten

Zutaten

für 6 Personen

800 g Kalbskeule
50 ml Olivenöl
2 unbehandelte Orangen
2 unbehandelte Limetten
1 Bund großblättriges Basilikum
Salz, Zitronenpfeffer oder Grillgewürz

Zubereitung

Das Kalbfleisch in gleich große Stücke schneiden, mit Salz und Zitronenpfeffer (oder ein passendes Grillgewürz) würzen und mit dem Öl bestreichen. Dann 1 – 2 Stunden ruhen lassen. Die gründlich gewaschenen Orangen und Limetten in dickere Scheiben schneiden und diese dann in größere Stücke. Die gewaschenen Basilikumblätter werden abgezupft. Die Zutaten abwechselnd aufspießen und auf dem heißen Rost ca. 10 Minuten braten. Dabei von Zeit zu Zeit wenden.

Tipp

Als Beilage eignet sich besonders gut ein Taboulé-Salat (siehe Rezept Seite 78).

SPIESSE MIT FISCH

WELSSPIESSE

mit Zitronengras

Für Fischspieße eignen sich Fische mit festerem Fleisch, die in passende, gleich große Stücke geschnitten werden. Nachdem die Fischstücke in einer Marinade eingelegt wurden, können sie aufgespießt werden und sind in wenigen Minuten Garzeit fertig. Auch größere Garnelen kann man vorzüglich am Spieß braten.

Zutaten

für 6 Personen

- 500 g Welsfilet
- Saft einer halben Zitrone
- 1 TL Zitronenpfeffer
- 1 EL körniger Senf
- 6 EL Öl
- 24 größere Zitronengrasblätter
- 12 Cocktailtomaten
- 1 Frühlingszwiebel
- Salz, gemahlener weißer Pfeffer

Zubereitung

Das Welsfilet in gleich große Würfel schneiden. Den Zitronensaft mit dem Zitronenpfeffer, dem Senf und dem Öl verrühren und mit Salz und Pfeffer würzen. Diese Marinade über die Fischwürfel gießen. Den eingelegten Fisch für ein paar Stunden in den Kühlschrank stellen. Danach die Fischwürfel in gesäuberte Zitronengrasblätter einwickeln und abwechselnd mit Cocktailtomaten und Frühlingszwiebelstücken aufspießen. Über der heißen Glut wenige Minuten garen und dabei ab und zu mit der restlichen Marinade einpinseln.

WELSSPIESSE MIT ZITRONENGRAS

Tipp

Statt Welsfilet können Sie auch andere Fische mit festem Fleisch verwenden.

LACHS UND BUTTERFISCH

mit Rosen- und Zitronenpfeffer

Zutaten

für 6 Personen

Olivenöl
Saft einer kleinen Zitrone
2 gepresste Knoblauchzehen
300 g Lachsfilet (ohne Haut)
300 g Butterfischfilet (alternativ Wels, Zander oder Pangasius)
1 TL Rosenpfeffer
1 TL Zitronenpfeffer
2 rote Paprika
Salz

Tipp
Ein vollmundiger trockener Weißwein und ein leichter Salat sind die perfekte Ergänzung dieses leckeren Fischspießes.

Zubereitung

Für die Marinade ca. 100 ml Öl mit dem Zitronensaft, dem gepressten Knoblauch und etwas Salz vermischen. Die Marinade in 2 Schalen verteilen. Die Fischfilets in größere Würfel schneiden, ebenso die Paprika. Die Fischwürfel nach Sorte getrennt gut mit der Marinade vermengen. Danach die Lachswürfel mit frisch gestoßenem Rosenpfeffer und die Butterfischwürfel mit Zitronenpfeffer würzen. 1 - 2 Stunden im Kühlschrank ruhen lassen, dann die 2 Fischsorten und die Paprikastücke abwechselnd aufspießen. Die marinierten Spieße auf dem gut eingeölten Rost nur wenige Minuten braten. Während und nach dem Garen die Spieße mit der restlichen Marinade bestreichen.

FEURIGE RIESENGARNELEN

mit Zucchini

Zutaten

für 6 Spieße

18 Riesengarnelen (roh mit Schale)
5 EL Olivenöl
2 EL Zitronensaft
1 frische Chilischote, gehackt (oder 1 EL Chilisoße)
1 Frühlingszwiebel
1 feste Zucchini
6 Cocktailtomaten
1 Knoblauchzehe
Salz

Zubereitung

Die Riesengarnelen zuerst auftauen, falls gefrorene verwendet werden. Die Schale entfernen, jedoch nicht die Schwanzenden. Für die Marinade das Öl mit dem Zitronensaft und dem Knoblauch mischen. Die gehackte Chilischote bzw. die -soße sorgt für die feurige Note. Die Frühlingszwiebel fein hacken und hinzugeben. Die Riesengarnelen einige Stunden in der Marinade ziehen lassen. Die Zucchini in kleine Stücke schneiden und abwechselnd mit den Garnelen und den Tomaten aufspießen. Auf dem heißem Rost wenige Minuten garen, bis die Garnelen eine rötliche Farbe annehmen. Dabei gelegentlich mit Marinade bestreichen.

Tipp

In gut sortierten Lebensmittelgeschäften erhalten Sie verschiedene Arten von Garnelen. Für dieses Gericht eignen sich vor allem größere Exemplare.

SPIESSE MIT GEMÜSE

MARINIERTES SOMMERGEMÜSE

Die köstlichen Gemüsespieße schmecken nicht nur Vegetariern - sie passen auch gut als „Beilage“ zu Grillfleisch.

Zutaten für 6 Spieße

1 mittelgroße Aubergine
1 rote Paprika
1 grüne Paprika
1 feste Zucchini
1 rote Zwiebel
einige feste Cocktailtomaten
100 ml Öl
2–3 gepresste Knoblauchzehen
3 EL Zitronensaft
evtl. frische Kräuter
Salz

MARINIERTES SOMMERGEMÜSE

Zubereitung

Die Aubergine in Stücke schneiden, salzen und für eine halbe Stunde beiseitestellen, danach mit Küchenpapier abtrocknen. Die Paprika, die Zucchini und die Zwiebel in gleich große Stücke schneiden und abwechselnd mit den Auberginenstücken und den Cocktailtomaten aufspießen. Das Öl mit dem gepressten Knoblauch, dem Zitronensaft und etwas Salz vermischen. Je nach Geschmack können noch frisch gehackte Kräuter hinzugefügt werden. Die Spieße mit der Marinade gründlich einstreichen. Über der heißen Glut in wenigen Minuten servierfertig grillen, dabei ab und zu wenden und mit Marinade bepinseln.

KÄSESPIESSE

mit buntem Gemüse

Zutaten

für 4 Spieße

- 250 g Grillkäse, z.B. Halloumi
- 1 EL gemischte Kräuter
- 1 kleine Zucchini
- je 1 rote, grüne und gelbe Paprika
- 1 rote Zwiebel
- 50 ml Knoblaucholivenöl
- Salz
- 8–12 Cocktailtomaten

Zubereitung

Den Grillkäse in größere Würfel schneiden und mit den gemischten Kräutern bestreuen. Die Zucchini, die Paprika und die Zwiebel in ähnlich große Stücke schneiden und mit dem mit Salz gewürzten Knoblaucholivenöl einstreichen. Alle Zutaten abwechselnd auf den Spieß stecken. Bei mittlerer Glut wenige Minuten garen lassen.

Zu den Käsespießen passt ein vollmundiger Rotwein sehr gut!

SPEZIALITÄTEN VON ROST UND EISENPLATTE

KEBAB – CEVAPCICI – MITITEI

Kebab ist vom Ursprung her ein türkisches Gericht, aber auch die indische Küche kennt diese Spezialität. Üblicherweise wird Hackfleisch vom Schaf oder Lamm verwendet und mit charakteristischen Gewürzen angereichert. Die Formen sind unterschiedlich: länglich, oval, als Rolle oder Kugel geformt. Im Allgemeinen wird das Fleisch auf Spießen gebraten, meistens am offenen Feuer.

Cevapcici ist ein Nationalgericht der Serben und Kroaten. In Siebenbürgen und ganz Rumänien wird dieses Gericht Mititei genannt.

KEBAB AUF INDISCHE ART

Zutaten
für 6 Personen

- 1 größere Zwiebel
- 6 Knoblauchzehen
- 1 grüne, scharfe Paprika
- 1 EL geriebener Ingwer
- 2 EL fein geschnittene Korianderblätter (oder Minze)
- je 1 TL gemahlener Kreuzkümmel und Koriander
- 750 g Lamm-Hackfleisch (oder auch Rind)
- 2 Eier
- Öl
- Salz, frisch gemahlener Pfeffer

Zubereitung

Die Zwiebel, den Knoblauch und die Paprika fein hacken. Die Kräuter und Gewürze dazugeben und alles mit ein wenig Wasser cremig rühren. Dieses Gemisch mit dem Fleisch und den Eiern vermengen. Die Fleischmasse zu länglichen Würstchen formen, auf etwas breitere Spieße stecken und auf dem eingeölten Rost von beiden Seiten 4 – 5 Minuten braten.

CEVAPCICI

Zutaten für ca. 18 Stück

- 750 g gemischtes Hackfleisch
- 1 fein gehackte Zwiebel
- 4–5 gepresste Knoblauchzehen
- Salz, frisch gemahlener Pfeffer

Zubereitung

Das Fleisch sollte nach Möglichkeit zweimal durchgedreht werden, um eine feine Masse zu erhalten. Diese mit der Zwiebel und dem Knoblauch sowie Salz und Pfeffer vermengen. Es empfiehlt sich, das Fleisch schon am Vorabend zuzubereiten, damit sich die Gewürze entfalten können. Vor dem Braten ovale Klößchen (à 40 – 50 g) formen, einölen und bei nicht allzu großer Hitze langsam auf dem Rost braten. Vor dem Servieren die Klößchen mit Zwiebeln bestreuen. Als Beilage eignet sich Ajvar oder ein anderes Paprikamus.

MITITEI

Zutaten
für ca. 18 Stück

- 250 g Lamm-Hackfleisch
- 250 g Rinder-Hackfleisch
- 250 g Schweine-Hackfleisch
- 1 große, fein gehackte Zwiebel
- 3 gepresste Knoblauchzehen
- 1 EL gehacktes Bohnenkraut
- je 1 TL gemahlener Koriander und Kreuzkümmel
- 1 TL Natron
- Salz, Pfeffer

Zubereitung

In einer großen Schüssel alle Zutaten mit den Händen gut verkneten, bis eine homogene Masse entsteht. Während des Knetens nach und nach ca. 150 ml Wasser hinzufügen, bis die entsprechende Konsistenz erreicht ist. Mindestens eine Nacht (oder einen Tag) lang im Kühlschrank ruhen lassen. Das Fleisch zu einer Rolle formen und in ca. 50 g schwere Stücke teilen. Bei mittlerer Hitze die Röllchen langsam und gründlich braten. Mit Senf und Brot servieren!

FLECKEN-BRATEN

Das Rezept des „Flecken-Braten“ stammt ursprünglich aus Siebenbürgen. Diese Steak-Spezialität wird in verschiedenen Variationen, aus verschiedenen Fleischsorten und mit unterschiedlichen Gewürzen zubereitet, die meistens vom Originalrezept abweichen. Der echte „Flecken“ wird aber ausschließlich aus Schweinekamm zubereitet.

FLECKEN-BRATEN

Zutaten
für 6 Personen

- 6 Scheiben Schweinekamm, ca. 1 cm dick (ohne Knochen)
- 2 gepresste Knoblauchzehen
- Senf
- 1 Zwiebel
- Öl
- Salz, frisch gemahlener Pfeffer
- evtl. gehackter Thymian, Bohnenkraut und gemahlener Paprika

Zubereitung

Das Fleisch sollte bereits am Vorabend vorbereitet werden. Die Fettränder an mehreren Stellen einschneiden, damit sich das Fleisch beim Braten nicht zusammenzieht. Die Fleischscheiben klopfen (bitte nicht zu dünn!) und Salz, Pfeffer und nach Belieben Thymian, Bohnenkraut und Paprikapulver ins Fleisch einmassieren. Dann mit dem Knoblauch und ein wenig Senf bestreichen und aufeinanderschichten. Zwischen die Scheiben werden Zwiebelringe gelegt. Mit ein wenig Öl beträufeln und abgedeckt für bis zu 24 Stunden im Kühlschrank ruhen lassen. Vor dem Braten die Zwiebelringe herausnehmen und die „Flecken" auf dem heißen Rost von beiden Seiten gut braten. Das Fett brät aus den Kammscheiben heraus und das Fleisch bleibt schön saftig. (Trockenes Fleisch, wie Keule oder Kotelett, wird hart, bis es durchgebraten ist.) Als Beilage eignen sich Sauergemüse und/oder gemischter Salat.

„LACKIERTE“ HONIG-LENDE

auf chinesische Art

Dies ist eines der asiatischen Gerichte, die die Welt eroberten. Leicht zuzubereiten und superlecker, wird es oft als Vorspeise verzehrt oder auch als ein Gang eines Menüs. Man kann es auch aus Schweinebauch (der Länge nach in Streifen schneiden und dann marinieren) zubereiten.

Tipp
Legen Sie eine mit einer Gabel durchlöcherte Folie auf den Rost, damit das „lackierte" Fleisch nicht verbrennt.

Zutaten
für 4 Personen

3 mittelgroße Schweinelenden (ca. 1 kg)
4 EL dickflüssige, süßliche Sojasoße
2 EL Weißwein
2 EL Hoisin-Soße (ersatzweise Sojasoße)
2 EL Öl
2 EL Honig

Zubereitung

Es empfiehlt sich, das Fleisch am Vortag vorzubereiten. Die Lende von Sehnen und Häuten befreien und mit einer Fleischnadel an mehreren Stellen einstechen, um das Eindringen der Marinade zu intensivieren. Außer dem Honig alle Zutaten gründlich vermischen. Mit dieser Marinade die Lenden von allen Seiten dick einstreichen. Ein wenig Marinade aufheben. In Folie verpackt, bleiben die Lenden so bis zum nächsten Tag im Kühlschrank.

Den Rost gründlich einölen. Über mittlerer Hitze die Lenden ca. 20 Minuten braten – ab und zu wenden und das Fleisch mit Öl bestreichen, damit es nicht am Rost festhängt. Die restliche Marinade mit dem Honig vermischen und damit das Grillgut in den letzten 5 Minuten einstreichen. Die Lenden werden zum Schluss bei geringer Hitze fertig gegart, damit der Honig nicht verbrennt! Das Fleisch muss schön dunkelbraun sein und glänzen (vom Honig). Nach 15 Minuten Ruhezeit (in Folie) werden die Lenden in dünne Scheiben geschnitten. Die Lenden sind als kalter Braten ebenso schmackhaft. Falls noch ein wenig „Lack“ übriggeblieben ist, kann er mitserviert werden.

Tipp

Reichen Sie dazu einen vollmundigen Weißwein (z.B. einen Balaton) oder einen jungen, leichten Rotwein. Für die Biertrinker empfiehlt sich ein Kristallweizen.

ASIATISCHE „LACK"-RIPPCHEN

Echte Feinschmecker wissen, dass die zum Grillen am besten geeigneten Teile des Schweines die Rippchen sind. Von Fernost bis zum Wilden Westen findet man aufregende regionale Rezepte. Zwei Gourmet-Rezepte stellen wir Ihnen hier vor.

Zutaten

für 4 Personen

- 1 kg dicke, lange Rippchen
- je 1 TL Ingwer und Knoblauch
- 2 EL Honig
- 30 ml Sojasoße
- 30 ml trockener Weißwein
- je 1 TL Salz und schwarzer Pfeffer

Zubereitung

Die Rippchen (am Knochen entlang) in Einzelstücke zerteilen. Den Knoblauch und den Ingwer zerdrücken und mit einem Löffel Honig (den anderen noch aufheben) und den anderen Zutaten vermischen. Mit dieser Marinade das Fleisch von allen Seiten einstreichen. Bei mittlerer, indirekter Hitze – die Glut auf beiden Seiten anhäufen und das Fleisch auf einer eingeölten Folie in die Mitte legen – wird das Fleisch gebraten, abgedeckt und gelegentlich gewendet. Je nach Stärke des Feuers kann das bis zu einer Stunde dauern! Von Zeit zu Zeit sollte Holzkohle nachgelegt werden. Wenn das Fleisch schon gut durchgebraten ist, wird der restliche Honig mit ein wenig Sojasoße und ein paar Spritzern Wein vermischt, um eine streichfähige Flüssigkeit zu erhalten. Mit diesem „Lack" wird das Fleisch eingestrichen und noch weitere 2 - 3 Minuten behutsam weiter gegrillt, danach sofort servieren. Honig verbrennt leicht, aber wenn man vorsichtig ist, erhält man eine appetitlich glänzende Oberfläche und ein schmackhaftes, süßlich-pikantes Aroma.

Tipp

Der Garvorgang kann vereinfacht werden, indem man die Rippchen in der Bratröhre bei max. 150 °C ca. 1 Stunde vorbrät. Zu Beginn wird das Fleisch mit Folie bedeckt, die nach der Hälfte der Zeit abgenommen wird! So ist das Fleisch schon weich, das Grillen wird dann auf dem Rost – ohne Abdeckung – fortgesetzt, bis das Fleisch Farbe angenommen hat. Dann wird der „Lack" aufgetragen und das Fleisch fertig gegart.

Tipp

Reichen Sie dazu einen samtweichen, reifen und leichten Rotwein!

GEBRATENE RIPPCHEN

im Western-Style

Zutaten

für 4 Personen

- 1 kg Rippchen
- 1 Packung Grillgewürz
- 150 ml Barbecue-Soße

Zubereitung

Bei diesem Rezept empfiehlt es sich, die Rippchen im Ganzen zu grillen und erst danach zu portionieren. Das Fleisch gründlich mit der Gewürzmischung einreiben. Die zusätzliche Gabe von Salz ist nicht nötig! Einige Stunden ruhen lassen. Bei mittlerer, indirekter Hitze wird das Grillgut – wie bei den Asiatischen Rippchen auf Seite 38 beschrieben – ca. 1 Stunde lang gegart. Auch hier kann man die Rippchen in der Bratröhre vorbraten. Gegen Ende der Garzeit, ca. in den letzten 15 Minuten, wird das Fleisch mit der Barbecue-Soße eingepinselt und fertig gegrillt. Diese Soße ist überall erhältlich, kann jedoch auch selbst zubereitet werden (Rezept Seite 79).

Tipp

Zu diesem Gericht passt sehr gut ein malziges Schwarzbier.

KAISERFLEISCH

mit Gewürzen

Tipp
Ein vollmundiger, trockener Weißwein (möglichst von einem Anbaugebiet mit vulkanischer Bodenbeschaffenheit) ergänzt das Gericht perfekt.

Kaiserfleisch (saftiges Bauchfleisch vom Schwein mit Schwarte) auf dem Rost gegrillt, ist einfach vorzüglich! Man sollte schön durchwachsene Stücke auswählen: Die Fettschichten sorgen beim Grillen dafür, dass das Fleisch wunderbar saftig bleibt.

Zutaten
für 4 Personen

- 1 kg Schweinebauch mit Schwarte
- 1 Packung Grillgewürz (ersatzweise Knoblauch, Thymian, Salz, Pfeffer und ein wenig rotes Paprikapulver)

Zubereitung

Das Fleisch in dünne Scheiben schneiden. Die Schwarte kann abgeschnitten oder mitgegrillt werden. Wird das Fleisch kurz in den Gefrierschrank gelegt, lassen sich leichter dünne Scheiben schneiden. Das Fleisch mit dem Grillgewürz gut einreiben. Alternativ kann auch aus Knoblauch, Thymian, Salz, Pfeffer und ein wenig rotem Paprikapulver eine eigene Gewürzmischung hergestellt werden. Bei nicht allzu großer Hitze die Scheiben, je nach Dicke, ungefähr 5 - 10 Minuten braten. Dazu passen Sauergemüse und Brot.

LENDENBRATEN

mit Pflaumen

Zutaten
für 4 Personen

- 1 größere Schweinelende (ca. 500 g)
- 1 EL körniger Senf
- 100 g getrocknete Pflaumen (oder Aprikosen)
- 8–10 dünne Scheiben Bauchspeck
- Salz, Pfeffer

Zubereitung

Die Lende von Sehnen und Häuten befreien und der Länge nach tief einschneiden (aber nicht zertrennen!). Innen und außen mit Salz und Pfeffer würzen. Die Innenseite mit körnigem Senf bestreichen und mit den getrockneten Pflaumen füllen. Zum Schluss das Fleisch zusammenklappen und mit den Speckscheiben umwickeln, die den Braten auch zusammenhalten. Bei mittlerer Hitze wird der Braten ca. 20 Minuten gegart. Öfters wenden! Das Fleisch soll in der Mitte leicht rosa bleiben. Danach den Braten - in Folie gewickelt - eine Viertelstunde ruhen lassen. In Scheiben geschnitten und mit Salatbeilage servieren.

Tipp
Ein klassischer Rotwein, z.B. ein Kadarka, rundet das Gericht harmonisch ab. Denkbar wäre auch ein Bockbier mit leichtem Sherry-Aroma.

GEFLÜGEL

HÄHNCHENFLÜGEL

mit verschiedenen Marinaden

Die Flügel des Hähnchens eignen sich am besten zum Grillen: Sie sind schnell zubereitet, bleiben schön saftig und können auf verschiedene Arten mariniert werden. Um satt zu werden, muss man natürlich ein paar mehr essen …

HÄHNCHENFLÜGEL mit Honig-Sesam

Zutaten für 4 Personen

12 Hähnchenflügel
je 1 EL geriebener Ingwer und gepresster Knoblauch
1 EL Chilisoße
100 ml Sojasoße
1 EL Honig
1 EL gerösteter Sesam
1 – 2 Frühlingszwiebeln

Zubereitung

Die Enden der Flügel abschneiden. Für die Marinade den Ingwer mit dem Knoblauch, der Chilisoße und der Sojasoße (1 EL aufheben) vermischen. Die Flügel darin ein paar Stunden ziehen lassen. Zum Grillen verwendet man am besten eingeölte Aluschalen, weil die Haut sonst leicht am Rost festbackt. Bei mittlerer Hitze die Flügel 10 - 15 Minuten braten, dabei zu Beginn abdecken. Ein wenig Sojasoße mit Honig vermengen und in den letzten 3 - 4 Minuten auf das Fleisch streichen, wobei man darauf achten muss, dass der Honig nicht verbrennt. Zum Servieren das Fleisch mit leicht angeröstetem Sesam und geschnittenen Frühlingszwiebeln bestreuen.

HÄHNCHENFLÜGEL mit Curry

Tipp
Dazu passt ein erfrischender Taboulé-Salat (Rezept auf Seite 78).

Zutaten für 4 Personen

12 Hähnchenflügel
1 Packung Grillgewürz
150 ml Barbecue-Soße

Zubereitung

Am Vorabend die Hähnchenflügel mit der aus Grillgewürz und Barbecue-Soße zubereiteten Marinade bestreichen und in den Kühlschrank stellen. Das Grillgut in eingeölten Aluschalen 10 - 15 Minuten braten und ab und zu mit Marinade bestreichen.

WÜRZIGE ORANGEN-HÄHNCHENKEULEN

Zutaten

für 6 Personen

- 6 Hähnchenkeulen
- je 6 EL Orangensaft und Olivenöl
- je 1 TL gemahlener Koriander und Anis
- 2 gepresste Knoblauchzehen
- Salz, frisch gemahlener Pfeffer

Zubereitung

Die Keulen im Gelenk halbieren. Von der Oberkeule kann die Haut abgezogen werden. Mit einem Spieß die Keulen an mehreren Stellen einstechen, um das Eindringen der Marinade zu intensivieren. Den Orangensaft mit dem Öl, den Gewürzen und dem Knoblauch vermischen. Mit dieser Marinade die Keulen begießen und anschließend für mehrere Stunden (am besten über Nacht) in den Kühlschrank stellen. Bei mittlerer Hitze die Keulen – wenn möglich abgedeckt – langsam grillen, damit das Fleisch durchbrät. Ab und zu mit Marinade bestreichen.

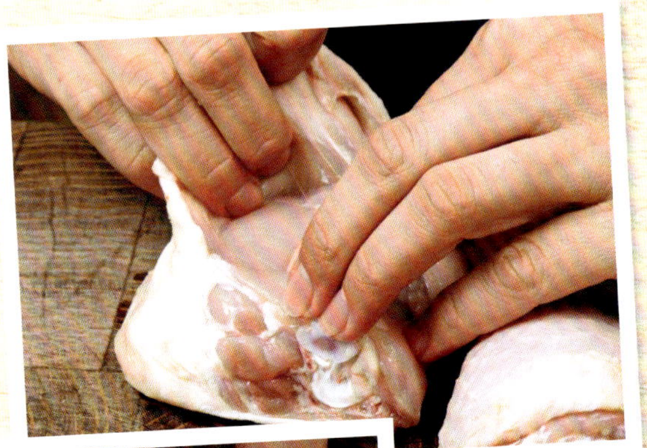

HÄHNCHENBRUST IM SPECKMANTEL

mit Käsecreme gefüllt

Zutaten
für 6 Personen

- 1 kg Hähnchenbrustfilet
- 150 g Käsecreme (evtl. mit Kräutern)
- je 1 EL frisches Basilikum und frischer Thymian
- 3 gehackte getrocknete Tomaten
- 12 dünne Scheiben Bauchspeck
- Salz, Pfeffer

Zubereitung

Die Brustfilets halbieren, so erhält man 6 Filetstücke. Die Hälften seitlich tief einschneiden (aber nicht ganz durchschneiden!) und aufklappen. Mit Salz und ein wenig Pfeffer innen und außen würzen. Die Innenseiten mit der Käsecreme bestreichen und mit den Tomaten und den frischen Kräutern bestreuen. Die zusammengeklappten Filets mit Zahnstochern verschließen. Nun die gefüllten Filets mit Speck umwickeln und bei mittlerer Hitze grillen. Das Filet wird außen vom Speck und innen von der Käsecreme saftig gehalten.

Tipp
Auf dem Rost gebratene Kartoffelscheiben oder in Folie gebackene Tomaten sind eine köstliche Beilage.

PUTENTASCHEN

mit Käse und Cranberrys

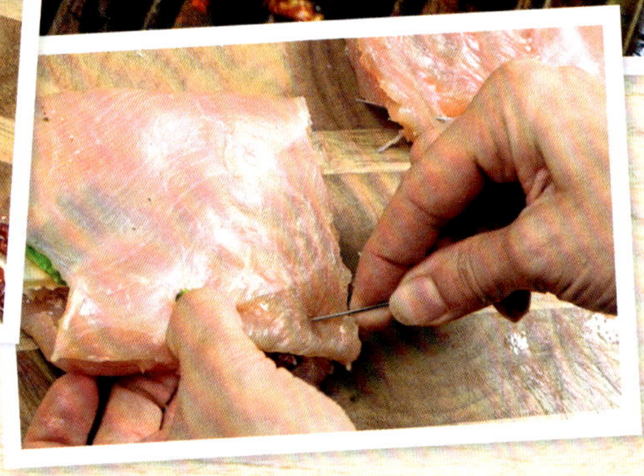

Zutaten

für 6 Personen

6 dünne Scheiben Putenbrust (100–120 g pro Scheibe)
100 g Meerrettichcreme
60 g getrocknete Cranberrys
6 dünne Scheiben schnittfester Käse
einige Basilikumblätter
Salz, weißer Pfeffer

Zubereitung

Die dünn geklopften Fleischscheiben mit Salz und weißem Pfeffer würzen und dünn mit Meerrettichcreme bestreichen. Darauf ein paar Basilikumblätter, Cranberrys und eine Scheibe Käse legen. Die Scheiben in der Mitte zusammenklappen und die Ränder mit Fleischnadeln feststecken. Über der heißen Glut 10 Minuten grillen.

Tipp

Dazu passt ein Curry-Dip und als Getränk ein spritziges Radler.

KROSS GEBRATENE ENTENBRUST

mit Chili-Honig

Zutaten für 6 Personen

2 Mastentenbrustfilets
1 EL Honig
1 Prise Chilipulver
2–3 EL zerlassenes Entenfett
Öl
Salz, frisch gemahlener Pfeffer

Tipp
Dazu schmecken ein eleganter Spätburgunder sowie Rotkohlsalat und Preiselbeeren.

Zubereitung

Die Haut der Entenbrust kreuzweise einschneiden und mit Salz und frisch gemahlenem Pfeffer einreiben. Den Honig, Öl und das Chilipulver mit einer Prise Salz vermischen und beiseitestellen. Die Entenbrust bei mittlerer Hitze auf dem Rost zuerst auf der Hautseite ca. 7 - 8 Minuten grillen (ein Großteil des Fettes brät jetzt heraus), dann auf der Fleischseite ebenfalls 7 - 8 Minuten. In den letzten Minuten mit dem Chili-Honig-Gemisch bestreichen. Nach 15 - 17 Minuten ist das Fleisch schön rosa. Vor dem Servieren noch weitere 15 Minuten in Folie gewickelt ruhen lassen. Zum Servieren in dünne Scheiben schneiden und mit der restlichen Chili-Honig-Mischung bepinseln.

LAMMFLEISCH

MARINIERTE LAMMRIPPCHEN

vom Rost

Zutaten

für 6 Personen

12 Lammrippchen
1 EL gehackter Rosmarin
2 gepresste Knoblauchzehen
1 EL gemahlener bunter Pfeffer
1 zerkleinertes Lorbeerblatt
6–8 EL Olivenöl
Salz

Zubereitung

Die Gewürze - außer dem Salz - und den Knoblauch mit dem Öl vermischen und damit die Rippchen einstreichen. Einige Stunden (oder über Nacht) ziehen lassen. Kurz vor dem Grillen salzen. Die Rippchen bei großer Hitze in wenigen Minuten medium grillen. Gelegentlich mit der restlichen Marinade bestreichen.

GESPICKTE LAMMKEULE

mit Rosmarin

Zutaten

für 6 Personen

1 kg Lammkeule ohne Knochen
3–4 in Stifte geschnittene Knoblauchzehen
1–2 Zweige Rosmarin
Salz, Pfeffer

Zubereitung

Die vom Knochen gelöste Keule aufklappen und zuerst innen mit Knoblauch und Rosmarinnadeln spicken, danach außen. Innen und außen mit Salz und Pfeffer einreiben und das Fleisch mit Küchengarn zu einer Rolle zusammenbinden. (Falls Sie eine Bratenspritze zur Hand haben, können Sie eine Marinade zubereiten: 1 Prise gemahlener Rosmarin, Thymian, Knoblauchpfeffer, ein wenig ausgelassene Butter – alles zusammen in Fleischfond verrühren und in die dickeren Fleischpartien an mehreren Stellen einspritzen.) Bei mittlerer indirekter Hitze abgedeckt 45 - 60 Minuten grillen, je nach gewünschter Garstufe. Es empfiehlt sich, so zu grillen, dass das Fleisch innen schön rosa bleibt (medium). In Alufolie mindestens 15 Minuten ruhen lassen, danach in Scheiben schneiden.

Tipp
Zum Lammfleisch passt am besten ein Kadarka oder ein Spätburgunder.

RINDFLEISCH VOM ROST

Die beliebten Steaks, die echten, „blutigen“ Fleischstücke, können nur aus ganz bestimmten Teilen des Rinds zubereitet werden.

Im Grunde genommen sind folgende Rindfleischstücke geeignet: Filet, Hüfte, Oberschale, Roastbeef und Hochrippe. Aber auch dieses Fleisch muss entsprechend gereift sein. Wichtig sind ebenfalls die Rasse, das Alter und die Art der Tierhaltung. Metzgereien mit hohen Qualitätsansprüchen haben gereiftes Rindfleisch für Steaks im Angebot. Etwas verwirrend wird die Auswahl, weil immer mehr englische Begriffe zur Bezeichnung des Fleisches verwendet werden.

Klären wir also einige der Begriffe. **Lende** wird normalerweise im Ganzen gekauft. Die gesamte Lende kann verwendet werden, die einzelnen Abschnitte werden jedoch zu verschiedenen Gerichten verarbeitet. Aus dem stärkeren Hüftteil schneidet man das „Beste" der Lende: das Steak, 3 - 5 cm dick (180 - 200 g) sowie das Doppellendensteak, das **Chateaubriand**, das im Allgemeinen für 2 Personen ausreicht (350 - 400 g). Aus dem flacheren Teil werden den Lendenmedaillons, **Filet Mignon**, geschnitten.

Chateaubriand

Lende

Aus dem „Schwanzteil" und dem „Kopf" der Lende werden normalerweise Kleinfleisch und **Tatar** geschnitten. Letzteres gibt es nicht nur in der rohen Variante, sondern auch gebraten als sogenanntes Tatarsteak.

Es empfiehlt sich – und wird auch meistens so gehandhabt –, die zerteilte Lende zu *dressieren*, was bedeutet: Die Stücke werden mit dünnen Speckscheiben umwickelt, die mit Küchenschnur festgebunden werden, um das Fleisch in eine schöne runde Form zu bringen.

Garstufen von Steaks:

Deutsch	Französisch	Englisch	Garzeit ca.
fast roh	bleu	rare	1 - 2 Min./Seite
Kern roh	saignant	medium rare	2 - 3 Minuten
halb durchgebraten	à point	medium	3 - 4 Minuten
durchgebraten	bien cuit	well done	4 - 5 Min./Seite

Übrigens: Echte Feinschmecker verlangen nie durchgebratene Steaks. Werden sie durchgebraten, bleiben sie nicht mehr zart und saftig, sondern werden hart - schade drum!

Die konkreten Garzeiten hängen natürlich von der Dicke des Fleisches und von der Hitze des Feuers ab.

Etwas preiswerter, aber auch hervorragend zum Kurzbraten geeignet, ist das Roastbeef. Der hintere, flachere Teil des Roastbeefs - das **Rumpsteak** - wird ohne Knochen zubereitet. Der vordere Teil, die sog. **Hochrippe**, wird heutzutage immer öfter als Rib-Eye-Steak angeboten - im Allgemeinen mit Knochen, seltener ohne. Eine besondere Spezialität ist das **T-Bone-Steak**, eine riesengroße Scheibe Fleisch mit einem T-förmigen Knochen, die aus dem hinteren Rückenstück des Rindes quer herausgeschnitten wird und die Filet und Roastbeef gleichzeitig enthält.

Tipps

- Steakfleisch wird nie geklopft, höchstens mit der Handkante bearbeitet!
- Vor dem Grillen das Fleisch auf Zimmertemperatur erwärmen lassen.
- Das Fleisch einölen, aber nie vorher salzen.
- Direkt vor oder während des Grillens salzen.
- Über heißer Glut garen.
- Nach dem Grillen kann mit Butter verfeinert werden.
- In Folie gewickelt ca. 5 Minuten ruhen lassen, so bleibt das Fleisch saftig!

FEURIGES TATARSTEAK

mit Chili

Zutaten für 6 Personen

500 g Rinderhackfleisch
1 fein gehackte Zwiebel
1 – 2 gepresste Knoblauchzehen
1 Ei
1 – 2 frische Chilischoten oder 3 EL Chilisoße
2 – 3 EL Semmelbrösel
Salz, Pfeffer

Zubereitung

Das Hackfleisch mit den Zwiebeln, dem Knoblauch, dem Ei, Salz und Pfeffer vermischen. Die Chilischoten entkernen, fein schneiden und dazugeben. Mit den Semmelbröseln wird die Konsistenz der Masse reguliert. In 6 gleiche Teile teilen, zu runden Buletten formen, mit Öl einstreichen und auf dem Rost grillen.

Tipp
Zu den Steaks passen kräftige, vollmundige, reife, trockene Rotweine.

Fisch vom Rost

Eine leichte, gesunde und äußerst schmackhafte Alternative zu Rinder- oder Schweinesteaks ist Fisch. Man kann ihn im Ganzen oder als Filet auf dem Grill zubereiten.

Ganze Fische grillen

Wenn man Fisch im Ganzen grillt, dann sollte man robuste kleine Fischarten wie Dorade, Makrele oder Forelle wählen. Der Fisch sollte mit Öl bestrichen werden, damit er weniger am Rost haften bleibt. Man kann den Fisch auch in der Alufolie garen, wenn man ihn vorher mit aromatischen Kräutern und Zitronenscheiben füllt und mit Salz, Pfeffer und Öl bestreicht. Allerdings erhält er dann nicht die knusprige Haut, die bei vielen so beliebt ist.

Wird der Fisch direkt auf dem Rost gegrillt, sollte man ihn nur einmal wenden, damit er nicht auf dem Rost kleben bleibt und zerfällt. Da die Oberseite von Anfang an in der Hitze mitgart, kann sie etwas kürzer gegrillt werden. Ob der Fisch gar ist, erkennt man, wenn sich die Rückenflosse leicht herausziehen lässt und das Fleisch innen nicht mehr so glasig ist.

Und wenn Sie experimentierfreudig sind – probieren Sie doch mal das Grillen im Bananenblatt oder im Grillkorb in einer Schicht aus Zitronenscheiben!

Fischsteaks grillen

Fischsteaks bereitet man vor allem aus festfleischigem, grätenlosem Fischfilet zu. Von den Süßwasserfischen eignet sich der europäische Wels oder auch der afrikanische Raubwels am besten. Man kann aber auch Zander oder preiswertere Fische, wie z.B. den Marmorkarpfen, verwenden. Bei den Meeresfischen ist der Lachs hervorzuheben: Er ist überall erhältlich und eignet sich ausgezeichnet als Steak. Außerdem hat er den nötigen Fettgehalt, um auf dem Rost gebraten zu werden. Eine echte Delikatesse sind der Rote Thun und der Schwertfisch. Ihre Steaks sind ausgesprochen schmackhaft.

Vorbereitung und Marinade

Das Fischfilet in größere, dickere Stücke schneiden. Beim Thun- und Schwertfisch sollten die Stücke mindestens daumendick sein. Beim Lachs verwendet man das stärkere Hüftfilet mit Haut. Die Basis-Marinade besteht aus Zitronen-Knoblauch-Öl, was je nach Geschmack mit weiteren Zutaten (z.B. frischen Kräutern) variiert und verfeinert werden kann. Die einfachste Zubereitung: Auf die mit der Basis-Marinade behandelten Fischstücke legt man direkt nach dem Braten eine Scheibe Gewürzbutter, die sofort cremig-aromatisch zerschmilzt. Gewürzbutter ist leicht zu Hause zuzubereiten (Rezept Seite 79).

WELS-STEAK mit Gewürzbutter

Zutaten pro Person

je 1 Welsfilet (150–200 g)
Zitronen-Knoblauch-Öl
Gewürzbutter

Zubereitung

Das Fischfilet salzen, mit Zitronenöl einstreichen und wenn möglich, einige Stunden im Kühlschrank ziehen lassen. Auf dem heißen Rost auf beiden Seiten ca. 2 - 3 Minuten grillen. Sofort heiß - mit der Gewürzbutter belegt - mit Salat als Beilage servieren.

SCHWERTFISCH-STEAK

Zutaten pro Person

je 1 Schwertfischsteak
Limettensaft, Chiliöl
Gewürzbutter

Zubereitung

Die Fischsteaks werden ein paar Stunden vorher mit Limettensaft und Chiliöl (fein gehackten Chili im Öl verrühren) mariniert. Bei großer Hitze je Seite 2 Minuten grillen. Der Fisch soll innen schön glasig bleiben. Mit Gewürzbutter servieren.

Tipp
Ein vollmundiger, trockener Weißwein gehört dazu.

THUNFISCH-STEAK

Zutaten pro Person

je 1 Thunfischsteak
Zitronenöl
1 TL frisch geriebener Ingwer
Sojasoße
Gewürzbutter

Zubereitung

Aus dem Zitronen-Öl, dem Ingwer und einem Schuss Sojasoße eine Marinade zubereiten. Auf die gleiche Art braten wie den Schwertfisch, auf keinen Fall durchbraten! Ein Drittel in der Mitte des Steaks soll noch leuchtend rot bleiben. Während des Bratens mit Marinade bepinseln. Entweder mit Gewürzbutter servieren oder – wie auf dem Foto – mit einem leicht scharfen Ragout aus fein geschnittener Mango, einer kleinen Schalotte und ein wenig Chilischote.

Tipp
Zu diesem Fischgericht passt ein leichter, aber würziger Rotwein besonders gut.

LACHSFILET – auf der Hautseite gebraten

Zutaten pro Person

je 1 Lachssteak
Knoblauch-Rosmarin-Öl
Salz, Pfeffer

Zubereitung

Der Lachs ist wegen seines Fettgehalts zum Braten auf dem Rost besonders gut geeignet: Ein Großteil des Fettes brät aus und durch das verbleibende Fett bleibt das Fleisch herrlich saftig. Damit das Fischfleisch nicht am Rost festbackt, empfiehlt es sich, das Filet auf der Hautseite zu grillen. Den Lachs mit Knoblauch-Rosmarin-Öl, Salz und einer Prise Pfeffer marinieren und während des Garens damit bestreichen. Ca. 10 Minuten bei mittlerer Hitze abgedeckt garen.

LACHSFILET

in Folie gegart

Viele Fischarten können in Folie gebraten werden. Die Marinade wird so besonders intensiv vom Fisch aufgenommen. Der Fisch wird butterweich und bleibt zart und saftig. Gibt man aromatische Gewürzkräuter hinzu, entstehen phänomenale Gaumenfreuden.

Erfreulicher Nebeneffekt der Folie: Der Fisch kann nicht am Rost anbacken.

Zutaten

für 6 Portionen

6 Lachsfilets mit Haut
1 EL Honig
1 EL Zitronensaft
50 ml Olivenöl
1 unbehandelte Zitrone
1 Bund Dill
Rosenpfeffer

Zubereitung

Eine Honig-Zitrone-Dill-Öl-Marinade mit grob zerstoßenem Rosenpfeffer zubereiten und damit die Lachsstücke einstreichen. Die Zitrone in Scheiben schneiden, darauflegen und sorgfältig in Alufolie verpacken. Bei mittlerer Hitze ca. 10 Minuten garen. In der Folie servieren. Der mit dieser Marinade zubereitete Fisch ähnelt sehr dem „Graved Lachs" – ein beliebtes Gericht der Skandinavier.

Tipp

Ein vollmundiger, halbtrockener Weißwein, der noch einen winzigen Rest an Süße hat, passt hierzu hervorragend – oder versuchen Sie ein leichtes Kölsch!

FISCHFILET

– im Gitter gegrillt

Eine pfiffige Erfindung, dieses Fischgitter! Es ermöglicht das Grillen aller Fischarten mit sehr zartem Fleisch ohne die Gefahr des Anbackens. Bitte nicht vergessen, das Gitter vorher einzuölen!

Zutaten

für 4 Personen

4 weißfleischige Fischfilets nach Wahl
5–6 EL Öl-Marinade nach Wahl (siehe Rezepte auf den vorhergehenden Seiten) – mit Knoblauch, Zitrone und Kräutern verfeinert

Zubereitung

Die Fischfilets mit der Marinade einstreichen und für ein paar Stunden in den Kühlschrank stellen. Das Fischgitter einölen, das Grillgut einlegen, verschließen und auf den Rost legen. In wenigen Minuten ist der Fisch fertig – während des Grillens gelegentlich mit Marinade bestreichen.

KÄSEGERICHTE VOM GRILL

Aus Käse ein Grillgericht zuzubereiten, ist eine interessante Abwechslung für jeden – insbesondere für Vegetarier. Käse kann sehr vielseitig verwendet werden, z.B. als Komponente einer Füllung oder auch in Kombination mit Gemüse.

KÄSESTEAK

mit Tomaten

Zutaten

für 6 Personen

je 1 dicke Scheibe Grillkäse
Tomaten
Oliven
Basilikumblätter
Olivenöl

Zubereitung

Bei der Auswahl der Käsesorte sollte man darauf achten, dass sie fettarm ist, eine dichte Textur und eine feste Konsistenz hat – ansonsten schmilzt der Käse und tropft auf die Glut! Wer sich nicht sicher ist, sollte auf die im Handel erhältlichen Grillkäsesorten zurückgreifen. Man kann wählen zwischen bereits in passende Scheiben geschnittenem Käse oder vorgewürztem Käse am Stück.

Den Grillkäse über mittlerer Hitze ein paar Minuten braten, bis der Abdruck des Gitterrostes gut auf dem Käse zu sehen ist. Mit fein gewürfelten Tomaten und Oliven sowie ein paar Blättern Basilikum servieren – zur Abrundung: ein paar Tropfen Olivenöl darüberträufeln.

MIT KÄSE GEFÜLLTE PILZKÖPFE

Zutaten

für 6 Personen

- 1–2 feste Tomaten
- 100 g schnittfester Käse
- 8–10 große Champignons
- frisches Basilikum
- Thymianblätter
- Salz, frisch gemahlener Pfeffer
- ein wenig Olivenöl

Zubereitung

Das Fleisch der Tomaten und den Käse in kleine Würfel schneiden. Die Pilze innen mit Salz und Pfeffer würzen, danach mit dem Käse, den Tomaten und dem Thymian füllen. Einige kleine Basilikumblätter darauflegen und ein paar Spritzer Öl darüberträufeln. Über der heißen Glut – wenn möglich mit Abdeckung – die Pilze so lange grillen, bis der Käse schmilzt. Ein himmlischer Schmaus! Auch als Beilage zu anderen Grillgerichten geeignet.

VERSCHIEDENE GRILLWÜRSTE

Die Wurst ist das beliebteste Grillgut – und das zu Recht. Es gibt eine riesige Auswahl verschiedenster fein gewürzter Würste, die man nur noch auf den Rost zu legen braucht. Wie man noch mehr Abwechslung auf den Grill bringt, zeigen die folgenden Beispiele: Hier wird sowohl die Form als auch der Geschmack variiert und verfeinert.

NÜRNBERGER ROSTBRATWURST-SPIESSE

Zutaten für 4 Spieße

12 Nürnberger Würstchen
12 längliche Scheiben Bauchspeck

Zubereitung

Die kleinen Nürnberger Würstchen bieten sich geradezu an, am Spieß gebraten zu werden. Da sie selbst nicht allzu saftig sind, kann man sie gut mit Bauchspeck kombinieren. Die Würstchen abwechselnd mit den etwas dickeren Bauchspeckscheiben auf einen Doppelspieß stecken, das erleichtert das Wenden auf dem Rost. Über heißer Glut braten. Dazu passt Tomaten-Chutney.

DICKE BRATWURST mit Grillkäse

Zutaten für 4 Personen

4 grobe Bratwürste
1 Packung Grillkäse
frischer Rosmarin

Zubereitung

Die Würste im äußeren Bogen im Abstand von 3 - 4 cm zu zwei Dritteln einschneiden. In die Schnittöffnungen kleine Stücke vom Grillkäse und etwas Rosmarin stecken. Vorsichtig auf den Rost legen und bei nicht allzu heißer Glut 10 - 12 Minuten braten.

ROTE UND WEISSE WURSTSCHNECKEN

Zutaten für 4 Personen

4 verschiedene lange Bratwürste

Zubereitung

Die langen Bratwürste, z. B. rote (mit Paprika), zu einer Schnecke wickeln und mit einem Holzspieß feststecken. Über heißer Glut 10 - 15 Minuten braten, dabei wenden. Dazu passt eine Zwiebel-Speck-Creme (siehe Seite 79).

WÜRSTCHEN-WELLEN

mit Zucchini am Spieß

Zutaten für 4 Personen

4 Bratwürste
1 Zucchini
Gewürzöl, Salz, Pfeffer

Zubereitung

Die Würste der Länge nach in dünne Scheiben schneiden, ebenso die Zucchini. Beide Scheiben sollten möglichst die gleiche Länge haben. Die Zucchinischeiben salzen und pfeffern. Die Wurst- und Zucchinischeiben aufeinanderlegen und wellenartig aufspießen. Während des Bratens mit Gewürzöl bepinseln. Dazu passt Tomaten-Chutney.

BRATEN AUF DER EISENPLATTE UND IM FEUERTOPF

Die heiße Eisenplatte (und verwandte Formen wie Wok und Teppanyaki-Grill) ist eine neue Variante beim Braten am offenen Feuer, die in den letzten Jahren an Popularität gewonnen hat. Die Eisenplatte ist im Grunde genommen eine riesige Bratpfanne für das Braten im Freien. In die Mitte der Platte wird ein wenig Öl gegossen: Darin werden die Kartoffeln gebraten, während das Fleisch am Rande gart – sehr praktisch! Die Platte eignet sich, um kleine Fleischstücke, Ragouts oder Gulasch zuzubereiten.

KRONSTÄDTER GESCHNETZELTES

- auf der Eisenplatte gebraten

Zutaten
für 6–8 Personen

- 1 Bund Petersilie
- 1 rote Spitzpaprika
- 600 g Schweinelende oder -schulter
- 150 g geräucherter Speck
- 200 g halbierte Zwiebeln
- 6–8 Knoblauchzehen
- 1 TL geriebener Majoran
- 300 g grüne Erbsen
- Salz, frisch gemahlener Pfeffer

Zubereitung

Die Petersilie fein hacken und die Paprika in kleine Stücke schneiden. Die Lende in dünne Streifen schneiden, den Speck auslassen und die Lendenstücke darin - auf heißer Flamme - scharf anbraten. Die Zwiebeln dazugeben und reichlich Knoblauch. Mit Salz, Pfeffer und Majoran würzen, weiter braten und dabei ständig rühren. Zum Schluss die Erbsen, die gehackte Petersilie und die Paprikastücke dazugeben.

BRATEN UND BEILAGEN

- auf der Eisenplatte zubereitet

Zutaten
für 6 – 8 Personen

je 6 Scheiben Schweinekamm
und Rinderroastbeef
6–8 Hähnchenflügel
je 2 Paar weiße und rote
(mit Paprika) Bratwürste
1–2 vorgekochte Maiskolben
1–2 Zucchini
ca. 1 kg Kartoffeln
Öl zum Braten

Zubereitung

Das Fleisch ein paar Stunden vorher zubereiten und ziehen lassen: Die Fleischscheiben werden geklopft und mit Salz, Pfeffer und - je nach Geschmack - anderen Zutaten (z.B. Knoblauch, Kräuter, Senf usw.) gewürzt. Auch die Hähnchenflügel werden vorgewürzt. Die Bratwürste können eingeschnitten werden, damit sie beim Grillen schön aufgehen. Den Mais und die Zucchini in dickere Scheiben schneiden und salzen. Bei Bratbeginn reichlich Öl in die Mitte gießen und bei großer Hitze dort die in Würfel geschnittenen Kartoffeln braten. Der Rand der Platte wird nur kurz eingeölt, darauf kommen die Fleischscheiben, das Geflügel, die Bratwürste und das Gemüse. Während des Garens mehrmals wenden. Was bereits fertig ist, wird von der Platte genommen und warm gehalten. Mit Brot und frischem Salat servieren.

FEUERTOPF

– im Wok zubereitet

Angeblich wurde diese Kochmethode von Holzfällern entwickelt. Wenn man nicht viel Zeit in das Kochen investieren kann, ist eine kurze Vorbereitungszeit ohne Beaufsichtigen des eigentlichen Kochvorgangs von Vorteil. Den Rest erledigt die heiße Glut – und in 1–2 Stunden ist ein komplettes Gericht fertig.

Der hier verwendete Wok besteht aus Stahlblech. Seine beiden Hälften sind durch einen Bügel verbunden, üblicher sind aber gusseiserne Varianten mit losem Deckel.

Zutaten

für 6–8 Personen

- 250 g Schweinebauch
- 250 g Roastbeef
- Senf
- 400 g Kartoffeln
- 100 g Speck
- 100 g Bauchspeck
- 1 Bratwurst
- 2 Schalotten
- je 1 rote und grüne Paprika
- Salz, Pfeffer

Zubereitung

Den Schweinebauch in kleinere Stücke und das Roastbeef in fingerdicke Scheiben schneiden und würzen. Das Roastbeef kann zusätzlich noch mit ein wenig Senf bestrichen werden. Die Kartoffeln und den Speck in dünne Scheiben schneiden. Den Bauchspeck in kurze, dicke Stücke schneiden. Danach die Wurst, die Schalotten und die Paprika ebenfalls in Scheiben schneiden. Den Wok mit Folie auslegen. Den Topfboden mit Speck locker belegen. Darauf die Hälfte der Kartoffeln schichten und mit Salz und Pfeffer würzen. Danach kommt eine Schicht Fleisch, dann Zwiebeln, dann Wurst. Und wieder eine Schicht Kartoffeln - Fleisch - Zwiebeln - Wurst. Zum Schluss wird der Bauchspeck daraufgelegt. Der Wok soll gut gefüllt sein, aber nicht gestopft werden. Verschließen und in die Glut setzen. Man kann auch über den Deckel Glut verteilen, dann muss dieser aber dicht schließen und ebenfalls aus feuerfestem Material sein. Danach muss man nur noch warten, bis es fertig ist.

Tipps zur Anwendung

Den Wok immer mit Alufolie auslegen. Die Zutaten schichten. Die erste und letzte Schicht sollte möglichst Speck sein: unten, damit nichts anbrennt und oben, damit der auslaufende Saft alle Schichten durchzieht. Immer in die Glut stellen, aber nicht in zu heiße: die Glut soll schon eine graue Ascheschicht zeigen. Wenn auch Glut auf dem Deckel verteilt wird, geht der Garprozess schneller. Je nach Hitze der Glut und je nach Zutaten beträgt die Garzeit ca. 1 – 1,5 Stunden. Hierzu muss jeder seine eigenen Erfahrungen sammeln. Wenn man sich nicht sicher ist, einmal kurz öffnen (vorsichtig, weil Dampf austreten kann), danach kann man den Feuertopf einfach wieder in die Glut zurück stellen.

Eintopf aus dem Kessel

Szegediner Hähnchengulasch

Zutaten für 8–10 Personen

2 Eier
200 g Mehl
Salz
1 kg Hähnchenfilet
2 EL Öl
300 g Zwiebeln
10 Knoblauchzehen
250 g Paprika
100 g Tomaten
250 g Karotten
100 g Wurzelpetersilie
200 g Stangensellerie
500 g Kartoffeln
1–2 EL Paprikapulver
Salz, Kümmel
1 Bund Petersilie
500 ml Schmand

Zubereitung

Für die Nockerln die Eier, das Mehl und etwas Salz verrühren. Den Teig zu kleinen Nockerln formen und diese auf einem Küchentuch trocknen lassen. Das Hähnchenfilet in kleinere Stücke schneiden. Die Zwiebeln, den Knoblauch, die Paprika und die Tomaten klein hacken. Das restliche Gemüse in Scheiben schneiden, die Kartoffeln in Würfel. Die Zwiebeln im heißen Fett im Kessel anschwitzen, das Paprikapulver und einen halben Liter Wasser hinzugeben. Dann das Fleisch dazugeben und einige Minuten braten. Mit Salz und Kümmel würzen und mit 5 - 6 Liter Wasser aufgießen. Das Gemüse, die Tomaten und die Kartoffeln hineingeben und aufkochen lassen. Bei niedrigerer Hitze ca. 20 Minuten köcheln lassen. Die Nockerln dazugeben und weitere 20 Minuten garen. Mit Schmand und gehackter Petersilie servieren.

KESSEL-EIERGRAUPEN auf Schäferart

Zutaten für 6 Personen

- 150 g geräucherter Speck
- 500 g Eiergraupen
- 500 g Kartoffeln
- je 1 grüne und rote Paprika
- 1 Zwiebel
- 1 Tomate
- 250 g geräucherte Wurst
- Salz, Paprikapulver

Zubereitung

Den Speck in kleine Würfel schneiden und im Kessel auslassen. Unter ständigem Umrühren die Eiergraupen darin goldbraun braten. Die Zwiebel hacken und mit etwas Paprikapulver und 300 ml Wasser in den Kessel geben. Es folgen die in kleine Stücke geschnittenen Paprika und die Tomate. Salzen und doppelt so viel Wasser (oder Brühe) wie Graupen vorhanden sind, dazugießen. Zum Schluss kommen die kleinen Kartoffelwürfel und die Wurstscheiben dazu. Kurz aufkochen und weiterköcheln, bis alles weich geworden ist. Dabei gelegentlich umrühren.

SLAMBUC/ÖHÖM – Fleckennudelsuppe

Zutaten für 6 Personen

- 150 g geräucherter Speck
- 500 g Kartoffeln
- 2 kleine Zwiebeln
- 250 g Fleckennudeln
- 1 Paprika
- 1 TL Paprikapulver
- 1 Tomate
- Salz, Pfeffer

Zubereitung

Den Speck in kleine Würfel, die Kartoffeln in Scheiben und die Zwiebeln fein schneiden. Den Kessel über das Feuer hängen und den Speck auslassen. Die Grieben herausnehmen und beiseitelegen. Im Fett die Nudeln goldbraun anbraten und wieder herausnehmen. Die Zwiebeln im Fett anschwitzen, bis sie glasig sind, dann die Kartoffeln dazugeben. Ein wenig anrösten und danach die Grieben, die Nudeln und die Gewürze dazugeben. So viel Wasser angießen, dass die Zutaten gerade bedeckt sind. Langsam aufkochen lassen, den Kessel von Zeit zu Zeit leicht schütteln. Auf mittlerer Hitze ca. 20 – 25 Minuten kochen. Nun sind auch die Kartoffeln und die Nudeln weich. Zum Schluss darf nur wenig Flüssigkeit übrigbleiben. Wer mag, kann auch geräucherte Wurst in Scheiben und scharfe Paprika mitkochen.

SALATE

NUDELSALAT

Zutaten für 6 – 8 Personen

1 Beutel Spirelli (oder ähnliche Nudeln)
400 g grüne Bohnen
400 g Cocktailtomaten
2 rote Paprika
1 Bund Frühlingszwiebeln oder Schnittlauch
4 – 5 EL weißer Balsamico
12 EL natives Olivenöl
je 1 EL frisch gehacktes Estragon und Bohnenkraut
Salz

Zubereitung

Die Nudeln kochen, mit kaltem Wasser abspülen und ein paar Spritzer Öl hinzugeben. Die grünen Bohnen dampfgaren, abkühlen und in längere Stücke schneiden. Die Tomaten halbieren, die Paprika in Streifen schneiden. Die Zwiebeln fein hacken. Alle Zutaten vermengen, mit dem Dressing aus Balsamico, Öl und Gewürzen übergießen und gut vermischen.

CHINAKOHLSALAT

Zutaten für 6–8 Personen

1 mittelgroßer Chinakohl
4 rote Sommeräpfel
4 Frühlingszwiebeln
3 EL Balsamico
6–7 EL Olivenöl
1 Knoblauchzehe
1 EL Honig
evtl. etwas Sesam
Salz, bunter Pfeffer

Zubereitung

Den Kohl waschen, trocknen und in fingerdicke Streifen schneiden. Die Frühlingszwiebeln in Ringe schneiden und die gewaschenen Sommeräpfel in kleine Scheibchen. Ein Dressing aus Essig, Öl und Gewürzen untermischen. Je nach Geschmack mit Sesam überstreuen.

KARTOFFELSALAT mit rotem Chicorée

Zutaten für 6 Personen

6 Kartoffeln
8 EL Olivenöl
1 EL gehackter Rosmarin
1 Knoblauchzehe
1 Radicchio
1 Bund Petersilie
1 EL Senf
3 EL Weinessig
Salz, Pfeffer

Zubereitung

Die Kartoffeln gründlich säubern und mit Schale in ca. 0,5 cm dicke Scheiben schneiden. 2 - 3 EL Öl mit dem Rosmarin, zerdrücktem Knoblauch und Salz vermischen und damit die Kartoffelscheiben bestreichen. 5 - 6 Minuten auf dem Rost braten. Auskühlen lassen. In der Zwischenzeit den gewaschenen und getrockneten Radicchio in Stücke und die Petersilienblätter vom Stiel zupfen. Aus dem restlichen Öl, dem Senf, dem Essig, Salz und Pfeffer ein Dressing zubereiten. Den Blattsalat zu den ausgekühlten Kartoffeln geben und das Dressing darübergießen. Alles gut vermischen. Passt als Beilage zu allen Grillgerichten.

KARTOFFELSALAT mit Friséesalat

Zutaten für 6 Personen

6 Kartoffeln
1 Friséesalat
4 Frühlingszwiebeln
8 EL Olivenöl
3 EL Balsamico
2 gepresste Knoblauchzehen
Salz, Pfeffer

Zubereitung

Die Kartoffeln wie beim vorherigen Gericht zubereiten. Den Salat in Stücke zupfen, die Frühlingszwiebeln in Ringe schneiden. Die ausgekühlten Kartoffeln zum Salat geben und mit einem Dressing aus Öl, Balsamico, Knoblauch, Salz und Pfeffer übergießen.

TABOULÉ-SALAT

Zutaten für 8 Personen

500 g grobkörniger Bulgur
1 Bund Frühlingszwiebeln
1 Bund Petersilie
1 Bund Minze
1 Zucchini
6 feste Tomaten
Saft einer Zitrone
150 ml Olivenöl
Salz, Pfeffer

Zubereitung

Den Bulgur mit der doppelten Menge Salzwasser zum Kochen bringen. Nachdem er einige Minuten gekocht hat, abdecken, vom Feuer nehmen und eine halbe Stunde ausquellen lassen. Sobald er vollkommen weich ist, ganz abkühlen lassen. Die Frühlingszwiebeln und die Kräuter fein schneiden, die Zucchini und die Tomaten in kleine Würfel schneiden. Das Ganze vermischen und mit dem Dressing aus dem Zitronensaft, dem Olivenöl, Salz und Pfeffer übergießen. Gut mischen und einige Stunden in den Kühlschrank stellen.

Barbecue-Soße

Diese Soße passt fast zu allem, was auf dem Rost gebraten wird. Rippchen, Hähnchenflügel u. Ä. werden am Ende der Garzeit damit bestrichen und fertig gegrillt. Die Soße ist gebrauchsfertig erhältlich, es lohnt sich jedoch, sie in größerer Menge selbst zuzubereiten.

500 ml Ketchup, 80 g brauner Zucker, 2 EL Senf, 1 EL Chilisoße, 60 ml Weinessig, 1 TL gestoßener Pfeffer

Die Zutaten in einem Soßentopf aufkochen und bei kleiner Hitze ca. eine Viertelstunde köcheln lassen, um eine optimale Konsistenz zu erreichen. In Gläser gefüllt und im Kühlschrank gelagert, ist die Soße lange haltbar. Diese Menge (ca. 600 ml) reicht für mehrere Gerichte.

Tomaten-Chutney

250 g Tomaten, 1 Zwiebel, 60 ml Weinessig, 1 EL Zucker, 1 TL grüner Pfeffer, 1 TL Senfkörner, 1–2 Rosmarinzweige, etwas Thymian, Salz

Die in Würfel geschnittenen Tomaten, die gehackten Zwiebeln, den Essig, den Zucker und die Gewürze vermengen und aufkochen lassen. Bei kleiner Hitze noch 20 Minuten köcheln lassen, bis es beginnt, einzudicken. Salzen und auskühlen lassen. Passt hervorragend zu Bratwürsten.

Zwiebel-Speck-Creme

50 g geräucherter Speck, 2 Zwiebeln, 4 Knoblauchzehen, 100 ml Fleischbrühe, 2 EL Petersilie, je 1 TL Dijon-Senf, Kümmel, Paprikapulver, 200 ml Schmand, Salz, Pfeffer

Der in kleine Würfel geschnittene Speck wird ausgelassen, hinzu kommen die fein geschnittenen Zwiebeln und der gepresste Knoblauch. Ein wenig anschwitzen und mit der Fleischbrühe aufgießen. Bei kleinem Feuer ca. 20 Minuten dünsten. Vom Feuer nehmen und den Senf, die Gewürze und den Schmand einrühren. Passt ausgezeichnet zu Grillwürstchen!

Senf-Dip

200 ml Schmand, 2 EL Dijon-Senf, 1 kleines Bund Schnittlauch, 1 TL Currypulver, Salz, Pfeffer

Der Schmand wird mit dem Senf, dem klein geschnittenen Schnittlauch, Salz und frisch gemahlenem Pfeffer verrührt. Je nach Geschmack kann ein wenig Curry dazugegeben werden. Passt am besten zu Schweinefleisch vom Rost.

Curry-Dip

200 ml Schmand, 1 EL Honig, 1–2 EL Zitronensaft, 1 TL Currypulver, 1 Prise gemahlener Kreuzkümmel, 2 EL Mandelblätter, 1 EL frischer Koriander, Salz

Den Schmand mit den übrigen Zutaten verrühren. Die Mandelblätter in einer teflonbeschichteten Pfanne trocken anrösten und über den Dip streuen. Den Koriander fein geschnitten untermischen. Passt vor allem zu Geflügel!

Gewürzbutter

200 – 250 g Butter, je 1 EL verschiedene frische, fein geschnittene Kräuter nach eigener Auswahl, z.B. Petersilie, Schnittlauch, Estragon, Kerbel, Bärlauch, Basilikum, Dill, Thymian, Rosmarin, Salz, Pfeffer

Es sollte immer eine Zwiebelart mit dabei sein! In einer Zubereitung genügen 3 verschiedene Kräuter, also nicht alle aufgezählten Kräuter gleichzeitig verwenden!

Zubereitung: Die Butter auf Zimmertemperatur erwärmen, so ist sie leichter zu verarbeiten. Mit einer Gabel die Butter mit den Kräutern gut vermischen. Mit Salz und Pfeffer würzen. In Folie geben und eine Stange formen, im Kühlschrank kaltstellen. Im Gefrierschrank hält sich Gewürzbutter über längere Zeit. Beim Servieren eine Scheibe Butter auf das heiße Fleisch vom Rost legen.

REGISTER

Erstveröffentlichung unter dem Titel:
„Sütés-főzés a szabadban"

Genehmigte Lizenzausgabe
EDITION XXL GmbH
Industriestraße 19
64407 Fränkisch-Crumbach 2015
www.edition-xxl.de

Fotografie: Niksz Gyula
Layout, Satz und Umschlaggestaltung:
design cat GmbH

ISBN (13) 978-3-89736-071-6
ISBN (10) 3-89736-071-3

Bildnachweis
Shutterstock:
Africa Studio 10/Agnes Kantaruk 3//alexskopje 79/amenic181 8/anna42f 2, 12-14, 19, 21-23, 25-27, 34-38, 48-49, 52, 55-56, 59-62, 64, 70, 72-73, 78-79/BigKnell 7/davooda 2, 12, 14-18, 20, 22-24, 26-28, 30, 33-35, 40-42, 45-49, 50, 52, 56, 59-62, 64-68, 70-72, 74-78, 80/drohn 5/Eduard Zhukov 10/Graphic design 12, 14, 16, 18-19, 22, 25-28, 30, 33, 37, 39, 41, 44, 46, 50-52, 54-56, 59, 60-61, 63-64, 66-67,69, 78-79/its_al_dente 9/Jacek Chabraszewski 54/Lisa Alisa 12, 14-15/Mega Pixel 36-37, 39, 41-42, 45, 47, 60, 68-69/mjaud 44-45/Noka Studio 1-8, 12-14, 19, 21-29, 32-37, 39-42, 44-45, 47, 48-50, 52-53, 55-57, 59-61, 63, 66-69, 73-79/Noka Studio 32-34/Oksana Shufrych 11/Oleksandr Berezko 6/Paul Cowan 54/PhotoSerg 7/Picsfive 39-40, 44-45/PRILL 77, 79/RioPatuca 5/Robyn Mackenzie 9/Sarunyu 2-3/schankz 22, 51, 54-55/stickerama 53